KB208706

# 민주공화국의 적은 누구인가

# 민주
# 공화국의
# 적은
# 누구인가

심용환 지음

사계절

●

이 책은 역사가가 국민에게 바치는 상소上疏와 같은 글이다. 한국
현대사는 중요한 승리 이후 심각한 실수를 반복해왔다. 첫 번째는
4·19혁명 이후였다. 1960년 4월의 봄은 국민의 피와 땀으로 만든
기적이었다. 하지만 혁명의 결과는 2공화국의 등장. 애초에 이승
만세력과 한패였던 무능하기 짝이 없던, 무엇보다 혁명 당시 끓어
오른 각종 요구에 전혀 부응하지 않던 세력이 권력을 잡았던 것이
다. 4·19혁명에서 민주당이 무엇을 했던가. 4·19혁명 이후 민주당
은 무엇을 했던가. 관료와 경찰개혁, 재벌을 비롯한 부정축재자 처
벌, 과감한 사회개혁과 경제개혁 등등. 장면 정권은 당대의 격렬한

요구를 무시했고 그 결과 군사쿠데타가 일어났다. 혁명적 열기와 이를 실현할 수단 사이에서의 괴리였다.

두 번째는 6월민주항쟁 이후였다. 전두환과 노태우가 주도한 6·29선언은 기만적이었다. 자신들의 권력을 오롯이 유지한 채 민주적 요구를 수용하겠다는 발상이었으니 말이다. 무엇보다 민주항쟁 이후 모든 것이 대선으로 쏠렸다. 김영삼인가, 김대중인가. 이처럼 정치인에게 모든 것을 맡기는 발상은 도대체 한반도에서 언제부터 시작된 문화일까. 그것은 이승만과 박정희가 만든 30년 독재정권의 문화적 성취일까, 세종대왕부터 정조까지 한결같았던 봉건국가의 구습일까. 여하간 1980년대 그토록 뜨겁던 민주항쟁의 열기는 대통령선거, 지역감정, 정치에 대한 과잉감정 등으로 철저하게 와해되었다. 민주항쟁은 국민이, 민주개혁은 대통령이 한다는 발상이 확립된 것이다.

세 번째는 박근혜 탄핵과 문재인 정권의 등장에서였다. 촛불혁명은 무엇을 기대했던가. 이제는 아득하기만 한 당대의 간절함은 「세월호 참사 보고서」 같은 두툼한 문서 속으로 사라져버렸다. 상황이 크게 바뀌었음에도 우리 모두는 그간의 경로에 순응하였다. 국민적 저항과 대통령선거, 맹목적 지지와 다음 대선에서의 실패. 상황이 바뀌었음에도 행태는 반복되고 있다.

1960년대에는 사회적 자원, 민주주의에 대한 이해, 준비된 정치인, 사회를 변화시킬 수단 등 모든 것이 부족했다. 1980년대에는 이런 것들이 비교적 촘촘하게 구비되어 있었다. 하지만 민주화세력은 여전히 절반을 넘지 못했고 좌익 운동권세력에 대한 두려움이 사회를 지배하고 있었기 때문에 민주적 요구는 제한적으로 관철될 수밖에 없었다. 더구나 박정희·전두환으로 이어졌던 권위주의 시대의 경험으로 인해 사람들은 민주항쟁의 사회화보다는 야당 후보에 대한 맹렬한 지지를 통한 정권 획득에만 골몰하였다. 그리고 2017년 촛불혁명을 통해 역사는 또 한 걸음 나아갔다. 민주화세력은 절반을 넘었으며 사회개혁에 대한 열망은 구체적이었다. 그럼에도 불구하고 2017년은 1987년과 1960년을 반복했을 뿐이다.

2024년 12월 3일 윤석열의 내란 시도가 실패하자마자 여당은 끊임없이 이재명을 물고 늘어졌다. 윤석열의 몰락은 조기 대선, 정권교체와 이재명 정권의 등장으로 이어질 가능성이 크기 때문이다. 이재명과 민주당 또한 이를 모를 리 없기 때문에 반도체법 주 52시간 예외 적용, 중도보수 같은 이야기가 그쪽에서 흘러나오는 것 아닌가. 내란과 탄핵, 조기 대선과 새로운 정권의 등장. 이런 것들은 헌법이 만들어놓은 정당한 절차이다. 또한 대통령중심제 국가에서 대통령과 정당을 통한 권리 행사는 국민들이 누릴 수 있는 가장 직접적인 정치 행위이기도 하다.

그래서 만족하는가? 투표를 마치고 새로운 인물을 대통령으로 뽑으면 정말로 많은 것이 변할까? 나날이 모든 것이 각박해지고 있으며 정치 상황 또한 마찬가지이다. 어쩌면 우리의 미래는 극우파와의 정신적 내전에 휩쓸려버릴지도 모른다. 그러면 어떻게 해야 할까? 단일대오? 이 무슨 해괴한 권위주의적 발상인가.

●

미루어진 질문, 짊어져야 할 책임을 감당할 때가 되었다. 보다 정밀한 대안이 모색되고 구체적인 시도가 요구되어야 한다. 헌법 개정, 대통령의 권한 조정, 관료의 역할 변화 등은 단순하면서도 의미심장한 움직임이 필요하다. '권력 나누기.' 헌법은 대통령 연임 문제를 넘어 경제·사회적 변화를 감당해야 하며 대통령은 돌격대장의 역할에서 벗어나야 한다. 관료와 공무원은 나누어진 책임을 실천하며 새로운 자존감을 부여받아야 한다.

국회, 군인, 사법부와 검찰에 대한 요구는 맹렬하다. 보수의 정신적 빈곤은 극우화와 소멸화 사이에서 위태롭기 짝이 없으며 진보의 보수 흉내 내기는 중도층의 광범위한 냉소주의를 길러내고 말았다. 군인들이 보여주었던 어정쩡한 태도의 기원은 무엇이고 70대와 20·30대가 공명했던 극단적 사고방식의 연원은 무엇일까. 혹시 군대 내 정신교육의 문제는 아니었을까? 여전히 신좌경세력 운운하며 북한이 아닌 우리 내부를 향하는 왜곡된 경계심이 원인은 아니었을까? 이런 부분에서 우리는 매우 구체적이고 실질적인 사유를 해야만 한다.

　헌법재판소와 검찰을 비롯하여 사법부에 대한 시선은 매우 복잡하며 지나치게 감정적이다. 민주화 이후 헌법재판소와 사법부의 판결은 한국사회에 어떤 영향을 미쳤을까. 해답은 감정이 아닌 이성에서 찾을 수 있다. 사법부가 세상을 바라보는 방식, 그들의 기소와 판결이 미친 사회적 영향을 면밀하게 인식할 때 사법 민주주의가 빛을 발할 것이기 때문이다. 적대감만 증폭시키는 방식으로 해결할 수 있는 문제는 없다.

　어느새 문제가 점점 커지고 있다. 꽤 오랜 기간 우리 사회는 '뉴라이트'의 그릇된 역사 인식과 싸워왔다. 빙산의 일각이었던가. 극우세력이 서울서부지법을 습격한 1·19폭동은 보수 개신교와 극우파라는 보다 강고한 집단의 등장을 알렸다. 경제위기를 넘어 정신적·윤리적 위기가 시작된 것이다.

●

부정적으로 생각할 필요는 없다. 1987년 6월민주항쟁은 극히 불완전한 성취였다. 민주헌법과 직선제는 신군부의 지도자 노태우의 당선으로 이어졌고 김영삼과 김대중은 결국 보수와 영합하며 개혁을 시도하였다. 하지만 역사는 멈추지 않았다. 민주화의 열망은 진영과 상관없이 체화되었으며 다양한 민주적 요구는 적어도 그 당위성만큼은 사회적으로 인정받고 있으니 말이다. 노무현의 실패는 문재인의 당선으로 이어졌고, 세 번의 정권교체는 과거 독재정권 시절과의 완전한 단절을 이루어냈다. 더구나 윤석열의 12·3내란과 극우파의 1·19폭동은 의도하지 않는 결과를 만들어냈다. 그간 대통령과 행정부에 압도되었던 입법부와 사법부의 위상을 극적으로 높였으며 국회와 법원에 대한 국민적 관심을 불러일으켰기 때문이다. 또한 폭력이 아닌 비폭력, 권위주의가 아닌 민주주의, 과거의 민주화운동이 아닌 오늘 우리의 민주주의라는 극적인 세대 전환이 이루어지고 있다.

자, 앞으로 어떻게 할 것인가. 이대로 탄핵이 인용되고 새로운 정권이 들어서면 끝인가? 아니다. 우리의 역사를 써내려가야 한다. 민주주의에 제한이 있던가. 각양의 의제를 끌고 와 함께 사유하고 치열하게 고민하며 지독하게 실천하여 새로운 세상을 만들어가면 된다. 이제 진정한 기회가 왔다. 하자, 이제 나아가자!

•

1월 들어 이 책을 쓰기 시작했다. 모든 일정을 뒤로 미루고 갑작스럽게 결정을 내렸다. 도무지 그럴 수밖에 없었는데 의외로 아내가 선뜻 승낙했다. "차라리 그게 낫겠다 싶었어. 너무 걱정스러웠거든." 12·3내란사태부터 1·19폭동까지. 도무지 가만히 있을 수 없었다. SNS에 글을 쓰고 방송에 출연했지만 그것만으로는 메울 수 없는 고통이 밀려왔다. 하루 종일, 5분 간격으로 뉴스를 보고 또 보았다. 누가 시키는 것도 아닌데, 가만히 있다고 문제될 것도 없는데 그럴 수가 없었다. 그래서 책을 쓰기로 했다. 사관의 심정이랄까. 지금 이 순간을 반드시 기록하고 '그다음'에 대한 이야기를 하고 싶었다. 지옥 같은 시간에 고통을 더하기로 자초한 결정이랄까.

글쓰기는 위로라기보다는 등짐을 지고 산을 오르는 일에 가깝다. 이번에도 마찬가지였다. 3주 만에 초고를 마치고 다시 일주일 내내 글을 고치고 다듬고 나니 한 달이 모두 사라졌다. 그렇다고 힘든 마음이 사라지는 것도 아니었는데 나는 지금까지 무엇을 하고 있었던 걸까. 이유가 있겠지. 이유가 있다고 믿고 싶다. 글은 왜 쓰는 것일까. 자기 위로인가, 세상의 귀퉁이에 그래도 살아 있다고 소리라도 치고 싶었던 것일까. 한없이 낮은, 별것 없는 인생의 여로 앞에 그렇지 않다고 외치고 싶기라도 했던 것일까. 의병이라도 모아서 적진에 뛰어들고 싶었던 결기는 어디로 사라지고 이런 기분에 빠져드는 것일까. 지칠 필요는 없겠지. 아내의 손을 잡고 아이들의 볼에 손을 얹어본다. 살아 있구나. 행복하구나.

휘청거리는 마음 때문에 잠시 글이 휘청거리기도 했지만 사계절출판사 인문팀 이진 팀장과 이창연 차장의 단단한 도움으로 빠르게 완성할 수 있었다. 작가의 어리석음은 편집자를 한없이 힘들게 한다. 이번에도 참으로 힘들게 하였다. 이 글이 세상에 강한 힘이 되기를, 그리고 하나님이 보시기에 기쁘기를 간절히 바라며.

2025년 3월
심용환

# [ 차례 ]

**들어가며**
004

# [ 12·3내란사태와 대통령 탄핵심판 타임라인 ]

**2022년 5월 10일**
윤석열, 대한민국 20대 대통령 취임

**2023년 11월 6일**
국군방첩사령관 여인형, 수도방위사령관 이진우, 육군특수전사령관 곽종근 임명
사흘 뒤 정보사령관 문상호 임명

**2024년 8월 12일**
윤석열, 대통령경호처장 김용현을 국방부장관으로 임명

**2024년 10월 11일**
북한 평양에 대한민국 육군 드론 추락

**2024년 12월 3일**
윤석열, 비상계엄 선포

**2024년 12월 4일**
비상계엄 해제

**2024년 12월 7일**
대통령 탄핵소추안 국회 의결 불성립
(재석의원 195명)

**2024년 12월 8일**
김용현 전 국방부장관, '내란혐의'로 긴급체포

**2024년 12월 9일**
고위공직자범죄수사처, 비상계엄 총력수사 발표 후 윤석열 출국금지 신청

**2024년 12월 10일**

김용현 구속. 구속영장에 대통령과 내란공모 적시

**2024년 12월 12일**

윤석열, 대국민 담화 발표

**2024년 12월 14일**

대통령 탄핵소추안 국회 의결 가결

(찬성 204표, 반대 85표, 기권 3표, 무효 8표)

**2024년 12월 15일**

윤석열, 검찰 소환 불응

**2024년 12월 18일**

검찰, 내란 수사 공수처로 이첩

**2024년 12월 25일**

윤석열, 공수처 출석요구 불응

**2024년 12월 27일**

한덕수 대통령 권한대행 탄핵안 국회 가결

(사유: 헌법재판관 임명 거부, 비상계엄 내란행위 공모·묵인·방조. 재석의원 192명, 찬성 192표)

헌법재판소 대통령 탄핵심판 1차 변론준비기일, 쟁점 정리

**2024년 12월 31일**

내란혐의 윤석열 체포영장 발부

최상목 권한대행, 헌법재판관 후보 3인 중 2인만 임명

**2025년 1월 3일**

공수처, 윤석열 체포영장 집행 실패

대통령 탄핵심판 2차 변론준비기일, 준비절차 종결

**2025년 1월 6일**
공수처, 체포영장 집행을 경찰에 이첩. 경찰이 거부

**2025년 1월 7일**
윤석열 체포영장 재발부

**2025년 1월 10일**
박종준 대통령경호처장 경찰 출석

**2025년 1월 14일**
헌법재판소 대통령 탄핵심판 1차 변론기일, 윤석열 불출석

**2025년 1월 15일**
윤석열 체포. 서울중앙지법에 체포적부심 청구

**2025년 1월 16일**
윤석열 체포적부심 기각
헌재 탄핵심판 2차 변론기일, 윤석열 불출석

**2025년 1월 17일**
공수처, 윤석열 구속영장 청구

**2025년 1월 19일**
윤석열 구속. 지지자들에 의한 서부지법 폭동 발생

**2025년 1월 21일**
윤석열, 헌재 탄핵심판 3차 변론기일 출석

**2025년 1월 23일**
공수처, 검찰에 윤석열 내란사건 이첩
윤석열, 탄핵심판 4차 변론기일 출석, 김용현 전 국방부장관 증인신문

**2025년 1월 26일**

검찰, 내란 우두머리 혐의로 윤석열 기소

**2025년 2월 4일**

윤석열, 헌재 탄핵심판 5차 변론기일 출석

이진우 전 육군 수방사령관·여인형 전 국군방첩사령관·

홍장원 전 국정원 1차장 증인신문

**2025년 2월 6일**

윤석열, 헌재 탄핵심판 6차 변론기일 출석

김현태 특전사 707특수임무단장·곽종근 전 특전사령관·

박춘섭 대통령실 경제수석 증인신문

**2025년 2월 11일**

윤석열, 헌재 탄핵심판 7차 변론기일 출석

이상민 전 행정안전부장관·신원식 국가안보실장·백종욱 전 국정원 3차장·

김용빈 중앙선관위 사무총장 증인신문

**2025년 2월 13일**

윤석열, 헌재 탄핵심판 8차 변론기일 출석

조태용 국정원장·김봉식 전 서울경찰청장·조성현 수방사 제1경비단장 증인신문

**2025년 2월 18일**

헌재 탄핵심판 9차 변론기일

**2025년 2월 20일**

윤석열 내란 우두머리 혐의 형사재판 시작

윤석열, 헌재 탄핵심판 10차 변론기일 출석

한덕수 국무총리·홍장원 전 국정원 1차장·조지호 경찰청장 증인신문

**2025년 2월 25일**

윤석열, 헌재 탄핵심판 최후변론

1.

[　　비상계엄　　]

# [  대한민국 대통령 윤석열의 비상계엄 발표 전문  ]

존경하는 국민 여러분, 저는 대통령으로서 피를 토하는 심정으로 국민 여러분께 호소드립니다.

지금까지 국회는 우리 정부 출범 이후 22건의 정부 관료 탄핵소추를 발의하였으며, 지난 6월 22대 국회 출범 이후에도 열 명째 탄핵을 추진 중에 있습니다. 이것은 세계 어느 나라에도 유례가 없을 뿐 아니라 우리나라 건국 이후에 전혀 유례가 없던 상황입니다. 판사를 겁박하고 다수의 검사를 탄핵하는 등 사법 업무를 마비시키고, 행안부장관 탄핵, 방통위원장 탄핵, 감사원장 탄핵, 국방부장관 탄핵 시도 등으로 행정부마저 마비시키고 있습니다.

 국가 예산 처리도 국가 본질 기능과 마약범죄 단속, 민생치안 유지를 위한 모든 주요 예산을 전액 삭감하여 국가 본질 기능을 훼손하고 대한민국을 마약 천국, 민생치안 공황 상태로 만들었습니다. 민주당은 내년도 예산에서 재해대책 예비비 1조 원, 아이돌봄 지원수당 384억 원, 청년 일자리, 심해 가스전 개발사업 등 4조 1000억 원을 삭감하였습니다. 심지어 군 초급간부 봉급과 수당 인상, 당직 근무비 인상 등 군 간부 처우 개선비조차 제동을 걸었습니다. 이러한 예산 폭거는 한마디로 대한민국 국가 재정을 농락하는 것입니다.

예산까지도 오로지 정쟁의 수단으로 이용하는 이러한 민주당의 입법독재는 예산 탄핵까지도 서슴지 않았습니다. 국정은 마비되고 국민들의 한숨은 늘어나고 있습니다. 이는 자유대한민국의 헌정질서를 짓밟고, 헌법과 법에 의해 세워진 정당한 국가기관을 교란시키는 것으로써, 내란을 획책하는 명백한 반국가행위입니다. 국민의 삶은 안중에도 없고 오로지 탄핵과 특검, 야당 대표의 방탄으로 국정이 마비 상태에 있습니다.

지금 우리 국회는 범죄자 집단의 소굴이 되었고, 입법독재를 통해 국가의 사법·행정 시스템을 마비시키고, 자유민주주의체제의 전복을 기도하고 있습니다. 자유민주주의의 기반이 되어야 할 국회가 자유민주주의체제를 붕괴시키는 괴물이 된 것입니다. 지금 대한민국은 당장 무너져도 이상하지 않을 정도의 풍전등화의 운명에 처해 있습니다.

친애하는 국민 여러분, 저는 북한 공산세력의 위협으로부터 자유대한민국을 수호하고 우리 국민의 자유와 행복을 약탈하고 있는 파렴치한 종북 반국가세력들을 일거에 척결하고 자유헌정질서를 지키기 위해 비상계엄을 선포합니다. 저는 이 비상계엄을 통해 망국의 나락으로 떨어지고 있는 자유대한민국을 재건하고 지켜낼 것입니다. 이를 위해 저는 지금까지 패악질을 일삼은 만국의 원흉 반국가세력을 반드시 척결하겠습니다. 이는 체제 전복을 노리는 반국가세력의 준동으로부터 국민의 자유와 안전, 그리고 국가 지속 가능성을 보장하며, 미래세대에게 제대로 된 나라를 물려주기 위한 불가피한 조치입니다.

저는 가능한 한 빠른 시간 내에 반국가세력을 척결하고 국가를 정상화시키겠습니다. 계엄 선포로 인해 자유대한민국 헌법가치를 믿고 따라주신 선량한 국민들께 다소의 불편이 있겠습니다마는, 이러한 불편을 최소화하는 데 주력할 것입니다. 이와 같은 조치는 자유대한민국의 영속성을 위해 부득이한 것이며, 대한민국이 국제사회에서 책임과 기여를 다한다는 대외정책 기조에는 아무런 변함이 없습니다.

대통령으로서 국민 여러분께 간곡히 호소드립니다. 저는 오로지 국민 여러분만 믿고 신명을 바쳐 자유대한민국을 지켜낼 것입니다. 저를 믿어주십시오. 감사합니다.

•

12월 3일 밤 10시 23분, 윤석열의 비상계엄 선포 기자회견은 차마 믿을 수도 받아들일 수도 없는 가짜뉴스 같은 사건이었다. 대통령이 비상계엄을 선포하자 군대가 이동했다. 거리에는 장갑차, 하늘에는 헬기. 병력은 국회와 선거관리위원회를 향했고 중무장한 군인들이 타고 온 차량에는 탄약이 실려 있었다. 경찰이 국회 출입을 통제했고 공수부대는 국회 본관 유리창을 깬 후 안으로 진입하였다. 이 끔찍하고 위험한 행동에 사람들이 움직였다. 국회의장과 의원들은 담장을 넘었고, 시민들은 원근각처에서 몰려와 군인들을 막고 경찰들에 항의하며 민주주의의 위협에 정면으로 맞섰다. 이 강력한 저항은 국회의 계엄 해제 의결로 빛을 발했고, 이튿날 새벽 4시 27분 윤석열은 계엄 해제를 선언할 수밖에 없었다. 극악스러운 음모는 신속하게 제압되었고 그날 이후 사람들은 다시 거리로 나왔다. 나라를, 헌법을, 민주주의를 지켜야 한다! 비상계엄은 즉각 '내란'으로 규정되었고 그 강력한 국민의 외침은 지금도 계속되고 있다.

비상계엄. 우리 역사의 모든 비상계엄이 그랬다. 정말이지 별반 다를 바 없었다. 언제가 시작이었을까. 1946년 대구 10·1사건. 해방 이후 38선 이남에 진주한 미군정은 무지했고 무능했다. 그들은 민중의 상황을 이해하지 못했고 절박한 기대를 가지고 있던 가난한 민중, 이제 막 국민이 되려는 사람들의 치열한 열망을 받아들이지 않았다. 식량 문제를 해결해달라! 민중의 거친, 하지만 지극히 온당한 요구는 폭력으로 짓밟혔다. 비상계엄. 미군정은 혼란스러운 국면을 무력으로 해결하고자 했다. 법적인 근거는 없었고 단지 미군정의 필요에 따라 수시로 계엄이 선포되었다. 힘으로 민중의 요구를 억누르고, 국가 권력을 강요하여 사회 안전을 이루고자 했던 것이다.

그리고 1948년 제주 4·3사건과 여수·순천 10·19사건. 상황은 급박하게 돌아가고 있었다. 좌익의 봉기를 막아야 한다! 군대의 반란을 진압해야 한다! 이제 막 수립된 이승만 정권은 국회를 압박하였다. 국회는 정부안을 받아들였고, 그렇게 탄생한 계엄법(제헌헌법 제64조 및 법률 제69조)은 즉각 행정부의 통치 도구가 되었다. 그 결과 민간인 학살이 벌어졌다. 10월 21일 계엄령이 선포된 여수와 순천 일대에서는 1만이 넘는 사람이, 11월 17일 계엄령이 선포된 제주도에서는 3만에 가까운 사람이 그해 겨울 군인들이 쏜 총탄에 살

해당했다. 미군정의 계엄은 억울한 사람들을 빨갱이로 만드는 데
주저함이 없었고 이승만 정권의 계엄은 평범한 민중들의 생사여탈
권을 군인들의 손아귀에 쥐어주었다. 그리고 지독한 민간인 학살
의 망령은 한국전쟁 당시 곳곳에서 재현되었다. 그때부터였을까?
정부가 국민을 우습게 여기고, 군대가 민중을 함부로 대해도 된다
는 생각. 어쩌면 2024년의 대통령 윤석열과 그가 존경해 마지않던
이승만은 꼭 같은 수준에 맴돌고 있는 것은 아닐까?

●

비상계엄은 끝나지 않았다. 쿠데타, 위수령, 긴급조치 등 비슷비슷
한 것들과 뒤섞여 오히려 자주, 다양하게 사용되었다. 군인들에 의
해서. 박정희에 의해서. 전두환에 의해서.

　그렇다. 가장 큰 문제는 결국 박정희였다. 오늘날 '박정희 담
론'은 우습기 짝이 없다. 소위 '공과 과' 담론. 무 쪼개듯 편안하게
그때 그 시절을 나누어 담는다. 산업화의 공과 인권유린의 과. 인
권유린은 잘못이지만 그래도 이렇게 잘살게 된 것은 박정희의 공
이 아닌가? 이런 식의 주장에 대해 진보적인 인사들조차도 문제 삼
지 않는다. 대부분 그렇게 생각하고 어찌됐건 틀린 얘기는 아닌 것
같으니까. 그 밖에 박정희에 대해서는 그다지 할 얘기가 없다. 박

근혜 정권의 탄핵, 박근혜의 실패가 박정희의 실패였으니까.

　과연 그럴까? 박정희 담론은 정말로 끝났는가. 박정희의 부활은 1990년대 김영삼의 문민개혁과 정확히 맞닿아 있다. 1993년 각종 개혁으로 대통령의 지지율은 90퍼센트를 넘었고 '역사바로세우기'를 통해 전두환·노태우 등 신군부세력이 체포되는 시점에 조선일보와 조갑제는 새로운 이야기를 시작한다. 「내 무덤에 침을 뱉어라」, 조갑제가 써내려간 조선일보 칼럼의 목표는 명확했다. 박정희의 공을 발굴하여 보수를 재정립하고 기득권세력의 회생을 도모하겠다는 전략. 그리고 1997년 외환위기. 김영삼 정권이 극적으로 몰락하자 '개혁은 무슨? 밥이 최고야!'라는 식의 인식이 크게 대두되었고 '찬란한 산업화의 공'으로 치장된 박정희 담론이 대중화되었다. 이 시기에 온갖 실체적 과오는 물론이고 오랫동안 쌓여왔던 부정적 이미지마저 깨끗이 사라졌다. 과연 언제 박정희의 이미지가 좋았던가. 박정희는 신군부에게조차 청산 대상이었다. 1980년 전두환은 '유신과 장기집권' 문제를 해결하겠다며 '7년 단임제' 대통령이 되었고, 이를 통해 자신이 박정희의 과오를 치유했다고 주장했다. 1987년 민주화 이후 누가 지금처럼 편하게 박정희를 칭찬했을까. 아무도 그러지 못했다. 20년 만에 다시 등장한 박정희 담론은 기득권세력이 철저하게 준비한 기획의 산물이었다. 흥미롭게도 그 저변에는 전두환의 경호실장 장세동이 '5공비리청문회'에서 주장했던 '공과 과' 담론이 있다. "과도 있지만 공도 있다. 1공화국부터 각각의 정권은 각각의 업적이 있고, 전두환 정권도 마찬가지라고 생각한다." 1988년 11월 7일 5공비리청문회에서의 발언이었다. 그리고 노무현 정권에 들어서자 박정희는 더욱 위대해졌다. 기득권세력은 민주화세력을 '실력 없는 것들'로 취급했고 자신들은 산업화를 넘어 선진화를 이룰 세력이라 주장했다. 이런 식의 캠페인은 지속적으로 성공했다. '부국(富國) 대통령', '압축 민주화' 같은 말도 모두 이때 등장한 것이다.

●

박정희의 부활은 이명박·박근혜 정권의 탄생으로 이어졌다. 현대건설 사장, 『신화는 없다』의 주인공이자 박정희와 함께 산업화를 이끈 고 정주영 회장의 진정한 후계자 이명박. 그는 2002년부터 2006년까지 서울시장을 역임하며 청계천을 도심 공원으로 가꾸고 도심 버스운송체계를 극적으로 바꾸었다. 그리고 박정희의 혈육 박근혜. 이 두 사람이 집권한 2008년부터 2017년까지는 기득권세력의 찬란한 복귀와 민주화세력에 대한 노골적인 무시 혹은 세련된 억압의 시간이었다. 결과는 어땠는가? 최순실로 인한 탄핵사태는 외피적인 요소에 불과하다. 정말로 산업화세력이 21세기를 이끌 수 있는가. 이들은 정말로 민주화세력에 비해 경제적으로 유능한가. 본질적인 질문이 사람들 사이에서 반복되었다. '경제는 보수!' 참으로 무색한 구호 아닌가. 박근혜 탄핵사태는 지난 20년간 소위 보수진영의 부활을 떠받친 '만들어진 환상'이 무너지는 사건이었다.

●

윤석열은 특별한 방식으로 박정희의 부활을 기도했다. 비상계엄. 이 무모하고 신박한 방법을 통해 그는 1979년의 전두환을, 1961년의 박정희를 역사의 전면으로 끌어냈다. 그렇다. 박정희야말로 '군사쿠데타'의 악몽을 자유대한민국에 선사한 인물 아니었던가. '비상계엄'을 형식적 측면이 아닌 정치적 측면으로 이해한다면 이는 일종의 '대통령이 조장한 비상상황'을 의미할 것이다. 박정희는 이런 방식의 '자기 주도적 비상상황'을 일으키는 데 천재적인 인물이었다.

1961년 5월 16일 육군 소장 박정희는 3800여 명의 군대를 동원하여 이제 막 태동한 민주정권 2공화국을 무너뜨렸다. 명분은 "4·19의거를 군사혁명을 통해 계승하여 절망과 기아선상에 빠진 나라를 구하겠다"는 것이었다. 더불어 "국정은 양심적인 정치인들에게 맡기고 속히 복귀하겠다"고 선언했다. 이 지점에서 윤석열의 비상계엄은 참으로 한심하다. 비상계엄의 명분은 무엇이었을까? 윤석열은 건국 이래 유례가 없는 입법독재를 해결하고, 자유 대한민국을 위협하는 종북 반국가세력을 척결하기 위해 피를 토하는 심정으로 비상계엄을 선포한다고 주장했다. 이 말에 누가 얼마나 동의할까. 대한민국 국민 거의 모두가 비상계엄을 뜬금없다고 여겼던 것은 '비상상황의 부재' 때문이었다. 굳이, 왜, 지금? 더구나 계엄이 실패한 이후 윤석열은 재빠르게 '부정선거론'에 자신의 명운을 맡김으로써 당일 계엄 선포의 절박함을 스스로 걷어찼다.

박정희에게는 4·19혁명이라는 비상한 상황이 있었고 뜨거운 국민적 여망에 부응하지 못하는 2공화국의 무능이 있었다. 입법독재? 국회에서 야당의 의석이 192석이 되더라도 대통령의 권한이 얼마나 제어되었던가. 윤석열은 대통령 취임 후 2년 6개월 동안 무려 25건의 거부권을 행사했다. 그 혼란스러웠던 노태우 정권기에도 일곱 번밖에 행사되지 않았던, 노무현 정권기에는 고작 네 번 행사되었던 거부권을 말이다. 참고로 김영삼, 김대중, 문재인 때는 한 번도 없었고 이명박과 박근혜 때는 각각 한 번, 두 번뿐이었다.

여당과 야당이 경쟁하고 갈등하는 과정은 민주공화국의 기초적인 작동원리이며 대의민주주의의 요체이다. 왜 국회가 있는가. 다양한 국민적 요구를 받아들이고 이를 실현하기 위해 존재하는 것 아닌가. 입법독재? 왜 국민이 야당에 성원을 보냈는가. 야당을 지지하는 국민과 그들의 요구에 대한 대통령의 책임은 거부권 행사만으로 완성되는 것인가?

•

박정희는 자신의 약속을 어겼다. 그는 영원히 군인으로 복귀하지
않았으며 스스로를 '불행한 군인'이라 자처하며 군인통치의 시대
를 열었다. 그는 끊임없이 4·19정신의 완성을 명분으로 삼았고 적
극적인 경제정책을 통해 민주공화국에서의 권위주의를 합리화했
다. 하지만 민주적 저항은 멈추지 않았다. 특히 일본에 대한 굴욕
적인 외교, 실은 제대로 된 준비 없이 '경제지원과 반공주의'에 편
승하려는 정부의 시도에 학생들이 도전했다. 1964년 6·3항쟁이 일
어난 것이다. 이에 맞서 박정희는 비상계엄을 사용했다. 5·16군사
쿠데타 이후 불과 2년 만에 그는 또다시 비상상황을 조성했다. 그
리고 그 절정은 1972년 유신維新, 친위쿠데타였다. 베트남전쟁에서
미국과 자유진영이 패퇴하던 어려운 시절, 도끼 만행을 비롯하여
북한이 온갖 방식으로 도발하던 시절이 박정희에게는 오히려 기회
였다. 영구집권을 향한 기회. 그렇다고 누가 영구집권을 하겠다고
대놓고 말하는가. 박정희가 유신을 선포하면서 내건 명분은 '남
북통일'이었다. 이 또한 '7·4남북공동성명'으로 고양된 당시 국민의
기대를 이용한 거짓말이었다.

이 지점에서 윤석열은 끔찍하다. 그에게는 고상하거나 항구적이기는커녕 그럴싸한 여건조차 허락되지 않는다. 그저 본인의 불편함을 '자유대한민국에 저항하는 반국가세력 척결'이라는 말로 극단화시켰을 뿐. 그는 고작 그런 개인적 불편함 때문에 역사의 시계를 거꾸로 돌렸다. 야당 의원들을 구속하고, 선거관리위원회를 습격하고, "전공의를 비롯하여 파업 중이거나 의료현장을 이탈한 모든 의료인을 척결"하라! 도대체 대통령의 자의적인 권력 행사, 군인까지 동원하고 이후 극우 폭도들의 난동까지 야기한 폭력적인 권력 행사가 자유대한민국에 무슨 도움이 되는가. 누군가를 몰아내고, 누군가를 구속하고, 누군가를 무력화시키고, 그렇게 누군가와 다른 누군가를 척결하고 나면, 그곳이 자유대한민국이란 말인가. 대통령을 뽑는 이유는 국가 공동체의 안녕과 번영을 목표로 함인데, 이번 비상계엄은 우리 역사 최초로 '명분 없는 비상계엄'이 되고 말았다. 이 지점에서 윤석열은 참으로 특출났고, 이로써 우리 역사에서 비상계엄은 그 한계의 한계에 도달했다는 것이 확증되었다.

●

또 하나의 망령 전두환. 그는 박정희의 진정한 후계자였다. 이 둘
을 따로 떼놓고 상상한다는 것은 불가능할뿐더러 분명한 역사왜
곡이다. 이명박과 박근혜는 신기루에 불과했다. 산업화라는 찬란
하고 처연한 망상, 기억하고 싶은 것만을 기억하고자 하는 구세대
들의 고집과 뒤엉킨 환상이 이명박과 박근혜를 만들어냈다. 하지
만 전두환은 달랐다. 그는 이미 5·16군사쿠데타 당시 사관생도들
을 동원, 군사혁명 지지 행진을 하며 박정희의 눈에 들었던 인물이
다. 일개 하급 장교가 정치적 중립을 고수하던 육사 교장 강영훈을
밀어내고 생도들을 거리로 끌어냈으니 당연한 결과였다. 이후 박
정희는 전두환의 정치군인 행보를 지원하였다. 1973년 윤필용사
건 당시에도 전두환은 구제되었고 군대 내 사조직 '하나회'는 살아
남을 수 있었다. 하나회? 통상 전두환의 사조직으로 불리지만 진정
한 의미에서 하나회는 박정희의 사조직이었으며, 박정희가 군부를
통제하는 수단이자 그의 정권이 지닌 모순의 본질이었다. 박정희
는 하나회를 두둔하고, 전두환과 그 일당을 통해 군대를 통제했다.
장태완이 『12·12쿠데타와 나』에서 회고했듯 하나회는 대부분 육사
정규과정 출신으로, 이들이 요직을 장악하고 승진과 출세를 거듭
했기 때문에 군부 내 불만이 말이 아니었다. 그런데 어쩌랴. 쿠데
타를 일으킨 대통령에게 가장 무서운 것은 또 다른 쿠데타이고, 그

러니 전두환과 하나회를 통해 군대의 충성을 확보하는 것만큼 효율적인 방식은 없었으리라.

●

1979년 10월 26일 저녁 7시 50분경, 박정희가 암살당했다. 그다음은 불 보듯 뻔했다. 대통령 유고有故에 따른 비상계엄과 신군부의 등장은 12·12 군사반란으로 이어졌다. 정치적 중립을 지키고자 했던 계엄사령관 정승화와 군사반란에 적극 저항했던 수도방위사령관 장태완은 체포되었다. 그리고 전두환과 신군부는 1980년 5월 17일 비상계엄을 전국에 확대하여 권력을 장악할 수 있었다. 5·18이라는 피의 비극, 광주 민중을 향한 처참한 살육전, 불법과 폭력, 수많은 이들의 억울한 죽음과 함께 말이다. 우리 역사에서 비상계엄은 언제나 피를 불렀다.

전두환과 하나회가 군사반란에 성공할 수 있었던 이유는 정녕 박정희 때문이었다. 군인이 군대를 앞세우면 권력을 장악할 수 있다는 공식은 박정희가 만들었다. 박정희가 혼자 쿠데타를 했던가? 그에게는 육사 8기가 있었고, 전두환에게는 육사 11기가 있었다. 평생지기 노태우는 9사단과 함께 서울로 들어왔고, 전두환의 뒤를 이었던 공수여단장 박희도는 부대를 동원하여 한강 다리를 넘었다. 전두환의 친구 정호용 특전사령관은 광주에서의 참극을 주도하였다. 그토록 북한의 위협을 강조했던 노태우는 서부 평야에서 군대를 빼는 데 주저함이 없었고, 병사들에게 친절하고 다정다감했던 박희도는 기회의 순간에 발톱을 드러냈다. 도시를 봉쇄하고 탱크와 헬기를 동원하자! 장대한 군사작전을 벌여서라도 권력을 차지하겠다는 열망 앞에 정호용은 한 치도 망설이지 않았다.

윤석열은 그 참혹했던, 영원히 잊혀야만 했던 아픈 과거를 이용했다. 무기를 든 군인들의 욕망을 자극하여 자신의 야욕을 달성하고자 했으니 말이다. 과연 윤석열에게 군대는 무엇이었을까? 조갑제가 이야기했듯 군대 한 번 안 가본 사람이 군대를 동원하여 비상계엄을 일으킨다? 이 지점에서 조갑제가 '병정놀이' 운운했던 발언은 어처구니가 없다. 군사 쿠데타를 두 번이나 경험한 나라에서, 여전히 육사 엘리트가 주도하는 군대를 또다시 동원한다? 비상계엄이 성공했다면 윤석열은 군대를 얼마나 통제할 수 있었을까? 병정놀이는커녕 상상도 하기 싫은 끔찍한 일들이 벌어졌을 것이다.

●

이 심각한 분석에도 불구하고 상황은 낙관적이다. 1987년 6월민주항쟁 이후 대한민국이 부단히 변화했기 때문이다. 반공교육에서 평화통일교육으로 교육과정이 바뀌었고, 때리고 벌주고 혼내는 것이 일상인 학창 시절의 기억, 집단에 순응해야만 했던 권위주의 시대의 문화는 과거의 이야기가 됐다. 2000년대 이후 한국 근현대사 교육이 일반화되었고 과거에는 생각할 수 없었던 역사 인식이 대중화되었다. 정상적인 정권교체가 김대중, 이명박, 문재인 정권 때 세 차례나 이루어졌고, 국회의원선거나 지방자치선거를 통해 대통령과 여당을 견제하는 문화 또한 정착되었다. 탄핵이라는 초유의 상황을 두 번이나 겪었지만 그 또한 잘 이겨내지 않았던가. 노무현 대통령의 탄핵소추는 2004년 5월 14일 기각되었고, 박근혜 대통령의 탄핵소추는 2017년 3월 10일 인용되었다. 당혹스러운 경험이었지만 그때마다 사회는 안정적으로 다음 걸음을 내디뎠다.

더불어 SNS. 전자 민주주의가 장갑차, 헬기보다 훨씬 빠르고 힘이 있다는 사실이 거듭 입증되는 요즘이다. 그렇게 축적된 민주적 역량이 단숨에 비상계엄을 무력화시켰다. 민주주의의 승리이자, 국가체제와 사회질서를 위협하는 적, 민주공화국의 적에 대한 성숙한 국민의 응징이 이루어졌다.

여진은 계속되고 있다. 그리고 새로운 문제들이 새롭게 번져나갈 것이다. 하지만 이번 응징을 통해 비로소 해묵은 한국 현대사의 폐악, 비상계엄의 역사는 마침내 끝장날 것이다. 몇 시간 만에 결판이 났던 그 순간, 그리고 이 고통스러운 겨울을 역사의 새날로 만들어가는 우리들에 의해서 말이다.

2.

[     대통령     ]

존경하는 국민 여러분, 700만 재외동포 여러분, 그리고 2600만 북한 동포 여러분, 오늘 우리는 광복 79주년을 맞았습니다. 조국의 독립을 위해 헌신하신 순국선열과 애국지사들께 경의를 표하며, 유가족 여러분께 깊이 감사드립니다.

국권을 침탈당한 이후 오늘에 이르기까지, 우리 국민은 참으로 위대한 역사를 써내려왔습니다. 그리고 이 위대한 여정을 관통하는 가치는 바로 자유입니다. 우리의 광복은, 자유를 향한 투쟁의 결실이었습니다. 국권을 잃은 암담한 상황에서도 우리 국민은 포기하지 않았습니다. 1919년 3·1운동을 통해, 국민이 주인 되는 자유로운 나라를 만들겠다는 일치된 열망을 확인했습니다. 이러한 열망을 담아 상해 임시정부를 세웠고, 국내외에서 다양한 독립운동을 펼쳐나갔습니다. 제헌 이후 지금까지 지켜온 자유민주주의와 시장경제의 헌법 정신은 우리가 누리는 풍요와 번영의 토대가 됐습니다. 북한의 남침으로 6·25전쟁이 발생하자, 자유민주주의국가들과 함께 피 흘려 싸워 우리의 자유를 지켜냈습니다. 자유의 가치를 지키고 발전시키며 함께 땀 흘려 노력한 결과, 산업화와 한강의 기적, 민주화를 이뤄냈습니다. 이제 대한민국은 눈부신 경제성장을 넘어, 글로벌 중추 국가, 글로벌 문화 강국으로 도약했습니다. 제국주의세력의 국권 침탈도, 분단도, 전쟁도, 그 무엇도 자유를 향한 우리의 힘찬 전진을 막지 못한 것입니다.

하지만 우리에게 완전한 광복은 여전히 미완의 과제로 남아 있습니다. 우리 앞에는 반드시 해결해야 하는 중차대한 역사적 과제가 있습니다. 바로, 통일입니다. 1919년 우리 국민들은 한반도에 국민이 주인인 자유민주국가를 세우기 위한 노력을 시작했습니다. 1945년 일제의 패망으로 해방이 되었지만, 분단체제가 지속되는 한, 우리의 광복은 미완성일 수밖에 없습니다.

(중략)

먼저 우리 스스로 자유의 가치에 대한 확신을 더욱 강하게 가져야 합니다. 우리 안의 자유를 굳건히 지켜야만, 우리가 자유민주주의 통일을 주도하는 통일 추진 세력이 될 수 있는 것입니다. 우리 모두가 자유인이 되고 우리의 자유가 서로 공존하기 위해서는 책임과 배려, 질서와 규범이 전제되어야 합니다. 질서와 규범을 무시하는 방종과 무책임을 자유와 혼동해서는 안 됩니다. 자유사회를 무너뜨리기 위한 허위 선동과 사이비 논리에 휘둘려서는 더더욱 안 됩니다. 이른바 가짜뉴스에 기반한 허위 선동과 사이비 논리는 자유사회를 교란시키는 무서운 흉기입니다. 지금 가짜뉴스는 하나의 대규모 산업이 됐습니다.

사이비 지식인들은 가짜뉴스를 상품으로 포장하여 유통하며, 기득권 이익집단을 형성하고 있습니다. 사이비 지식인과 선동가들은 우리가 진정으로 지향해야 할 가치와 비전을 전혀 제시하지 못하고 있습니다. 제시할 수가 없습니다. 국민을 현혹하여 자유사회의 가치와 질서를 부수는 것이 그들의 전략이고, 진짜 목표를 밝히면 거짓 선동이 먹혀들지 않기 때문입니다. 선동과 날조로 국민을 편 갈라, 그 틈에서 이익을 누리는 데만 집착할 따름입니다. 이들이 바로, 우리의 앞날을 가로막는 반자유세력, 반통일세력입니다. 디지털 사이버산업의 발전에 따라 지식산업이 기하급수적으로 성장하는 상황에서, 이를 악용하는 검은 선동세력에 맞서 자유의 가치체계를 지켜내려면, 우리 국민들이 진실의 힘으로 무장하여 맞서 싸워야 합니다.

자유는 투쟁으로 얻어내는 것입니다. 결코 저절로 얻어지는 것이 아닙니다. 저와 정부는 우리 사회에서 자유의 가치를 지켜내기 위해 모든 노력을 다하겠습니다. 민간 주도의 시장경제 기조하에 기업이 마음껏 뛰며 양질의 일자리를 많이 만들어, 국민들이 취업과 경제활동의 기회를 더 많이 누리도록 최선을 다하겠습니다. 우리 사회를 더욱 공정하고 건강하게 만들 교육개혁,

노동개혁, 연금개혁, 의료개혁에 더욱 박차를 가하겠습니다. 어려운 분들을 집중 지원하는 맞춤형 약자 복지를 확충하고 국민의 삶을 더 따뜻하게 살펴서, 모든 국민의 자유를 지키고 확대하겠습니다. 이를 통해 우리 사회에 자유의 가치가 더 깊이 뿌리 내리도록 하고, 검은세력의 거짓 선동으로부터 우리 국민을 지켜내겠습니다. 우리 국민이 자유의 가치와 책임의식으로 강하게 무장해야, 한반도의 자유통일을 주도해낼 수 있습니다. 특히 청년과 미래세대가 자유통일의 기대와 꿈을 가질 수 있도록, 미래지향적인 '첨단 현장형 통일교육 프로그램'을 제공하겠습니다. 통일이 가져올 기회와 변화를 가상공간에서 미리 체험할 수 있도록 하겠습니다.

(후략)

2025년 1월 3일. 또 한 번 믿을 수 없는 일이 벌어졌다. 대통령이 용산구 한남동 관저에 숨어, 수백 명 경호 인력의 비호 아래 법원이 발부한 체포영장의 집행을 완력으로 저지한 것이다. 비상계엄 실패 이후 윤석열은 한국 현대사에서 볼 수 없었던 신기원을 개척하며 지켜보는 이들의 머릿속을 어지럽히고 있다. 거짓말을 하고, 법을 무시하고, 절차를 지키지 않고, 막무가내로 행동하며.

"병력이 투입된 시간은 한두 시간 정도에 불과합니다. 만일 국회 기능을 마비시키려고 했다면 평일이 아닌 주말을 기해서 계엄을 발동했을 것입니다. 국회 건물에 대한 단전 단수 조치부터 취했을 것이고 방송 송출도 제한했을 것입니다. 그러나 그 어느 것도 하지 않았습니다." 계엄이 실패하고 얼마 후인 12월 12일 오전 10시, 그는 황당한 변명을 시도했다.

쏟아지는 증거와 증언들에도 불구하고 비상계엄에 대해 대통령은 아무것도 책임지지 않았다. 두 시간 만에 계엄이 끝났던 것이 대통령의 의지 때문인가, 아니면 절차를 준수한 국회와 치열하게 저항한 국민의 노력 때문인가. 한덕수와 한동훈을 용산 대통령실로 불러들이고, 법에도 없는 총리와 여당 대표의 연정을 시도하고, 나아가 헌법재판관의 임명을 보류하기 위한 전략, 체포와 구속을 피하기 위한 각종 술수가 펼쳐졌다. 동네 아이들 눈에도 빤히 보이는 행태는 극우파를 한남동 관저에 불러들여 미중유의 방어선을 구축하는 것으로 이어졌다. 반평생을 법조인으로 살아온 검찰총장 출신의 대통령에게 법과 절차는 이토록 가벼운 것이었다. 이 모든 행동을 통해 윤석열은 대한민국 대통령의 권위를 바닥에 떨어뜨렸다.

●

'대통령제에 대한 집착'은 이승만으로부터 시작된다. 1919년 임시정부 헌법은 내각제였다. 당시만 하더라도 영국이 세계를 주도하였고 프랑스를 비롯하여 대부분의 민주국가가 내각제였기 때문이다. 그럼에도 이승만은 대통령제를 고집하였다. 3·1운동이 일어나자 그는 스스로를 대통령이라 주장했고 스스로 만든 권위로 스스로를 높였다. 하지만 정작 그가 대통령이 될 수 있었던 이유는 안창호 때문이었다. 민족자결주의와 식민지 해체를 주장하던 미국을 이용하여 외교독립을 이루자는 안창호의 발상은 프린스턴대학 박사 이승만과 어울렸다. 임시정부를 만든 안창호는 많은 것을 양보했고 스스로를 낮추었다. 이승만뿐 아니라 모두에게. 모든 독립운동세력을 포섭하고 특히 연해주의 이동휘와 무장투쟁론자들을 받아들이기 위해서 말이다.

결과는 어땠는가. 이승만은 불성실했고 그의 대미외교는 무력했다. 더구나 이승만은 독립운동가들과 갈등했다. 1923년 독립운동가들 간의 불화와 임시정부의 위기를 극복하기 위해 안창호가 국민대표회의를 제안했는데 이를 막아섰던 것이 이승만이다. 그리고 그는 1925년 3월 23일 "외교를 빙자하고 직무를 떠나 5년 동안 원양일우遠洋一隅에 편재해서 난국 수습과 대업 진행에 하등 성의를 다하지 않았"다는 이유로 임시정부에서 탄핵되었다. 탄핵된 전직 대통령 이승만의 이후 행보는 어땠을까? 그는 1940년대 초반 김구에 의해 간신히 구미위원부에 복귀할 때까지 단 한 번의 반성도, 단 한 번의 책임 있는 협력도 시도하지 않았다. 그야말로 독단적이고 노회한 독립투사였던 것이다.

그랬던 그가 다시 대통령이 되었다. 시대가 어지러웠다. 하지만 어려운 시대를 극복하는 것이 독립운동가의 사명 아닌가. 혁명가는 낙관적이어야 한다! 여운형은 끝도 없는 좌우 갈등을 온몸으로 막아서다 1947년 암살당했고 그 길을 김구가 뒤따랐다. 이들과 함께했던 김규식은 이승만이 자신들을 의자 위에 세워놓고 그 의자를 걷어찰 것이라 예언했는데, 그 말이 꼭 들어맞았다. 그렇게 남한에서의 권력은 갖은 정치적 모략과 좌우 갈등의 극단을 이용한 이승만의 수중에 들어갔다.

따져보면 윤석열의 집권 과정 또한 이승만과 유사하다. 왜 윤석열이 대통령이어야만 했을까? 2022년 3월 9일 치른 제20대 대통령 선거는 무엇을 목표로 삼았고, 어떠한 가치 투쟁으로 채워졌던가. 김영삼에서 김대중으로, 노무현에서 이명박으로, 박근혜에서 문재인으로. 앞선 세 번의 정권교체에는 '시대정신'이라는 것이 있었고, 그 결과 '세대변화'가 뒤따랐다. 그렇다면 문재인에서 윤석열로의 정권교체 때는 무엇이 있었을까?

윤석열의 미숙함은 국민의힘 대통령 후보 시절에도 여러 차례 드러났다. 다리를 쩍 벌리고 앉는 것만이 문제가 아니었다. 식견이 부족했고 김건희 리스크 역시 심각했다. 그럼에도 불구하고 그는 유권자 48.56퍼센트의 선택을 받고 대통령이 되었다. 왜? 감정싸움. 윤석열의 당선에는 끝없는 '감정싸움'이 선행되었다. 페미니즘과 갈라치기. 이준석과 젊은 보수. 조국 자녀의 입시 비리와 이재명의 법인카드 유용. 끝없이 제기된 문제들의 결과는 어디를 향했던가. 이 끝없는 싸움이 국가공동체를 이롭게 하거나 사회 발전에 이바지했던가. 상대를 증오하는 것, 그래서 내가 권력을 차지하는 것. 그 이상도 이하도 없지 않았던가. 이승만과 윤석열은 바로 그 지점에서 적극적이었다.

대통령 이승만. 오늘날 윤석열을 포함한 수많은 극우파와 뉴라이트 인사는 처절할 정도로 그의 이름을 부르짖는다. 그들이 이승만을 찬양하는 이유는 무엇인가. 처참할 정도로 특별한 것이 없다. 그나마 앵무새처럼 반복하는 주장은 농지개혁과 한미상호방위조약 체결. 농지개혁을 통해 지주세력을 혁파하고 건전한 자본주의의 토대를 만들어 건국의 기틀을 놓았으며, 한미상호방위조약을 통해 미군 주둔 같은 큰 성과를 이뤄내서 공산주의의 위협으로부터 나라를 지켰다는 것이다. 하지만 여기에는 소위 '건국 대통령'이 이루었어야 할 '큰 틀'이 없다. 워싱턴, 링컨, 루스벨트 등이 보여주었던 국가 건설을 위한 비전과 방향이 결여되었다는 말이다. 게다가 13년 집권에도 불구하고 농지개혁과 방위조약은 모두 집권 초기, 그것도 매우 특수한 상황에서 이루어졌다.

농지개혁이 이승만의 업적이라는 주장은 정말이지 지독한 거짓말이다. 토지를 재분배하고 소유관계를 재정립하겠다는 열망은 톨스토이부터 쑨원까지 20세기 초반 세계적인 지성인과 혁명가들의 일반적인 주장이었고, 1917년 러시아혁명을 통해 이미 실천되었다. 국내적으로는 조선 중기 이래 줄기차게 지적된 문제였고 그렇기 때문에 해방공간에서 보수, 진보를 막론하고 누구나 떠들던 이야기였다. 더구나 미군정 당시 어정쩡한 토지정책으로 얼마나 큰 어려움을 겪었던가. 이승만 정권의 농지개혁은 강력한 시대적 요구 및 조봉암을 비롯한 국회 소장파의 노력이 함께한 결과였다. 그렇다고 농지개혁이 마냥 순수하게 추진된 것은 아니다. 농지개혁은 지주 중심의 정당인 한민당을 견제하려는 수단이기도 했다. 또한 농지개혁을 제외한 나머지 분야에서는 국민적 기대를 정면으로 부정했다. 반민특위 와해를 통해 친일파 처단을 거부했고, 제주 4·3사건 강경 대응, 김구 암살 등을 통해 다양한 정치세력을 파괴하였다. 대통령 이승만은 단지 권력이 목표였고 농지개혁 역시 도구에 불과했던 것이다.

한미상호방위조약 또한 마찬가지이다. 누가 분단과 전쟁을 부추겼는가. 북한, 김일성, 공산진영은 전쟁을 통한 민족통일을 추구했다. 하지만 이와 별도로 이승만은 매번 갈등을 부추기면서 남한의 정치 상황을 부정적으로 몰고 갔다. 그에게는 김구, 김규식 등 일제와 함께 싸워왔던 오랜 동료들에 대한 일말의 의리나 책임감도 없었다. 갈등이 이득이 되었기 때문에 이상을 헌신짝처럼 여긴 것이다. 대통령이 된 후에는 미국의 군사 지원을 받지도 못하면서 '북진통일'을 외쳤다. 그렇기 때문에 전쟁 발발 직전까지 미국은 무기 지원을 망설였다. 북한의 위협보다 이승만 정권의 호전성을 더 걱정한 것이다. 6·25전쟁 당시 이승만 정권의 모습은 어땠는가. 내전은 곧장 국제전이 되었고 전쟁은 미국에 맡겨지고 말았다. 그토록 무력하고 무능한 상황에서 남의 바짓가랑이 잡는 것 마냥 이루어진 1953년 10월 1일의 한미상호방위조약, 그것도 당시 미국의 세계전략에 적극 부응했던 것을 업적이라 자랑한다면 이보다 부끄러운 찬사도 없을 것이다.

●

그로부터 약 70년 뒤에 등장한 대통령 윤석열은 철저히 이승만을 따라 했다. 자유민주주의 수호, 사회 암약 종북세력 척결. 2024년 광복절 경축사를 비롯하여 그가 소리 높여 읽었던 여러 연설문에는 1950년대 이승만이 반복했던 반공주의와 빨갱이를 향한 투쟁이 고스란히 녹아 있었다. 적대적인 언어와 부정적인 감정, 그 찬란한 분노만이 펄펄 끓고 있었다. 정말이지 그 이상은 아무것도 없었다. 마치 이승만이 그랬던 것처럼.

1950년대 이승만 시대에 대한 관심은 일부 역사가들의 실증적인 연구 과제일 뿐 우리에게는 그다지 중대한 작업이 아니다. 비전이 없고 선전만 가득했던 시대. 이승만은 독재자가 되기 위해 헌법을 뜯어 고쳤다. 제헌헌법이 만들어진 지 4년째, 6년째. 1952년 7월에는 발췌개헌이 있었고, 1954년 11월에는 사사오입개헌이 있었다. 오직 대통령의 재선을 위해 헌법은 부분적으로 뜯겨나갔고 작위적으로 수정됐다. 그리고 그 끝은 3·15부정선거라는 희대의 촌극. 윤석열이 부정선거 음모론을 믿고, 계엄을 선포하고, 비상입법기구를 만들고자 했다는 것은 결국 헌법 개정을 목표로 했음을, 헌법을 뜯어고쳐 이승만처럼 장기집권에 나서려 했음을 자인한 것 아닌가. 여전히 반복되고 있는 윤석열의 강변은 스스로 1950년대 이승만의 10년을 추구했다는 자백과 같다.

●

그리고 다시 박정희. '대통령 문제'를 향한 진정한 고민은 1960년대의 박정희와 정면으로 부딪혀야 한다. 오늘날 제왕적 대통령제의 진원이 그이기 때문이다. 국가 운영의 중심은 대통령. 박정희의 세계관은 명확했다. 모든 권력은 대통령에게 집중시킨다. 어떻게? 첫째, 국무회의 의결권을 대통령이 갖는다. 각부 장관들은 의견을 제출할 뿐 모든 결정은 대통령이 내린다. 이 관행은 너무나 당연한 듯 지금도 똑같이 이루어진다. 제헌헌법이 이런 상황을 규제하고자 했고, 프랑스 헌법은 이를 개선하고자 했음에도 말이다. 대통령의 결정 권한을 존중하지만 주요 갈등 사안에 대해서는 국무회의표결 등을 실시해 대통령의 권한을 제한한다! 제헌헌법의 발상이었다. 대통령이 총리를 임명하지만, 총리가 국무회의를 주관하고 내치에 관해서는 대통령보다 훨씬 자율적이고 적극적인 권한을 사용한다! 프랑스의 이원집정부제는 대통령의 권한을 구조적으로 제어하고 있다.

　1960년대는 이와 정반대로, 행정부의 모든 것을 대통령 직속 기관으로 일원화했다. 구조는 간단하다. 중앙에 대통령이 있고, 그 밑에 장관이 있고, 장관 밑에 부처가 있고, 모든 공공기관은 부처 산하 혹은 대통령 직속 기관으로 존재한다. 이 또한 현재까지 당연한 발상이다. 대한민국의 주요 경제기관이 대부분 경제부총리 산하에 있으며 대통령의 결정을 따르고 있다. 대한민국의 주요 교육기관 역시 교육부총리 산하에 있으며 대통령의 결정에 따르고 있다. 자율성? 책임성? 빛 좋은 개살구다. 권한은 나뉜 적이 없다.

　박정희 정권은 공무원의 숫자를 대폭 늘리며 대통령의 행정부 지배, 행정부의 국가 지배 현상을 강력하게 추동하였다. 무엇보다 군대를 끌어들였다. 소령 이상의 간부들을 경찰조직은 물론 행정 각부에 파견했으며 행정부의 요직에는 장군 출신 인사를 빼곡하게 채웠다. 대통령에게 충성하는, 본질적으로 상명하복에 익숙하며 목표 달성만 강조하는 군인정신이 행정부 내부에 깊숙이 자리 잡게 된 것이다. 적어도 노태우 정권까지 이 거대한 관료조직은 군인 정신 휘하에 있었다.

왜 박근혜 대통령이 시대를 역행하여 과감하게 국정교과서를 만들 수 있었는가. 왜 수많은 비판이 따르더라도 대통령이 밀어붙이는 정책의 대부분은 쉽사리 관철되고 마는가. 왜 국민이 진보 교육감을 뽑더라도 교육정책에서 진보적 변화는 일어나지 않는가. 비대한 행정부가 뒷받침하는 대통령 일인체제가 1987년 6월민주항쟁 이후에도 계속되었기 때문이다.

제도적으로, 문화적으로 아주 당연한 듯 박정희식 통치행위가 반복되고 있다. 6월민주항쟁은 대통령의 영구집권에 대항하여 5년짜리 비정규직 대통령을 만드는 데 성공하였다. 하지만 '5년 단임제 대통령'은 마치 그 5년이 영원하기라도 한 듯 무소불위의 권력을 휘두르는 데 주저함이 없다. 노태우를 기억하라. 그는 노동자대투쟁을 '노사분규'로 규정하여 노동 문제를 민주화와는 별개의 문제로 만들어버렸다. 경제민주화는 민주주의의 당연한 부분인가? 여전히 의견이 엇갈린다. 노태우는 다정하고 부드러운 언어로, 하지만 극히 일방적이며 자의적인 행태로 당대의 민주적 요구를 훼방하였다. 광주사태를 5·18민주화운동으로 격상시켰지만 동시에 진상규명과 책임자 처벌을 거부했고 전두환을 백담사에 숨겼다. 매사에 이런 식이었다. 그는 약속했던 중간 평가를 어겼고, 3당 합당을 통해 정치 지형도를 급격하게 바꾸었으며, 공안정국을 조성하여 재야와 운동권을 빨갱이로 몰았다. 민주화의 열기는 지속될 수 없었다. 6월민주항쟁은 곧장 대통령선거로, 다시 김영삼과 김대중의 야권 분열로 나아갔다. 조직화되지 않은 민중의 열망은 매번 뻔한 한계에 부딪혔다. 그럴 수밖에 없지 않은가. 하지만 고도로 조직화된 힘을 바탕으로 대통령의 영향력은 지속되었다. 행정부는 일사분란하게 대통령의 지시사항을 따랐고 여당은 국회에서, 검찰은 수사와 재판에서, 경찰은 거리에서 민주적 열기를 하나하나 파괴해나갔다.

●

12월 3일 이후 우리는 대통령의 권능이 어느 정도인지를 분명하게 확인할 수 있었다. 대통령이 임명하는 고위 공무원, 그리고 그들이 주도하는 행정부의 모든 것이 국민이 아닌 대통령을 향해 있다는 냉정한 사실. 이제 보다 본질적인 이야기로 나아가야 한다. 매번 정치권에서 들려오는 말은 '제왕적 대통령제'에 대한 뻔한 비판과 '4년 중임제 개헌' 정도이다. 대통령 문제를 정치적으로만 인식하기 때문이다.

　문제의 본질은 이렇게 집중된 권력이 시대의 변화 앞에 쓸모없어졌다는 점에 있다. 예를 들어보자. 윤석열 정부는 집권 초인

2022년 7월부터 '반도체 인재 양성'을 공식화했다. "10년간 반도체 초격차를 이끌 인재 15만 명을 양성하겠다"는 발상인데 참으로 야심 차면서도 무모한 주장이었다. 교육부 보도자료는 인재의 등급을 나누었는데 누가 전문인력인지, 어떤 기준으로 등급이 분류되는지에 대한 구체적인 설명은 없었다. 그럴 수밖에 없지 않은가. 교육부가 반도체 인재 양성을 위해 할 수 있는 것은 대학 정원 조정 정도니까 말이다. 그것보다 반도체? 그에 앞선 2년 동안 반도체 시장의 격변을 모두가 똑똑히 보았다. 삼성의 위기와 SK하이닉스의 부상이 단지 정부 정책 때문에 일어난 변화인가, 아니면 세계 시장의 급격한 변동 때문인가? 미래는 어떻게 변화할까? 반도체를 넘어 AI, 챗GPT를 넘어 새로운 디지털 사고방식이 바꿀 시장과 사회와 문명의 미래를 5년 단임제 대통령이 예측하고 선도한다는 것이 도무지 말이 되는 발상인가?

●

다시금 '박정희 경제 신화'를 비판의 도마에 올려야 한다. 1960년대 발전국가론이 풍미하던 때. 냉전에서 승리를 원하는 미국의 적극적인 지원, 일본을 제외한 수출 국가의 부재, 일본이라는 명확한 롤모델, 경공업과 중화학공업에서의 기회. 국민은 가난에 시달렸지만 인구는 빠르게 증가했고 노동과 교육에 대한 열망은 강력했다. 국내 상황 역시 지금보다 훨씬 단조로웠고 예측 가능했다.

지금은 어떤가. 신자유주의 이후의 불확실성, 미국의 한계와 트럼프식 미국 일방주의, 사회주의 시장경제를 추구하는 중국의 부상. 수축사회, 정체된 경제 상황, 고착화된 재벌 구조, 저출산과 고령화, 사교육에 짓눌린 교육과 가정. 안과 밖이 모두 첩첩산중이다. 이 고도의 복잡성에 일원화되고 집중화된 대통령의 리더십은 얼마나 유능함을 발휘할 수 있을까?

권력을 반드시 나눠야 한다. 그렇게 책임이 분산될 때 자율성이 강제로라도 만들어진다. 책임을 지기 때문에 적극적이 되고, 책임을 져야 하기 때문에 능동적이 된다. 대통령의 권력이 쪼개질 때 사회는 다방면에서 더욱 자유롭고 더욱 건설적이 될 것이다. 그러한 변화 앞에 대통령의 역할은 또다시 변화할 것이다. 다양한 권력을 조정하고 통제하는 새로운 리더십으로 말이다. 시대가 변했다. 따라서 대통령중심제는 건설적으로 해체되어야 한다. 윤석열은 말과 행동으로 이 변화의 필요성을 입증하였다.

3.

[     군부     ]

[    2017년 2월    ]

[    국군기무사령부 작성「현 시국 관련 대비계획」    ]

# 현 상 진 단

## 〈 現 상황 평가 〉

O 정치권이 가세한 태극기·촛불 집회 등 보수-진보(종북) 세력간 대립 지속
  ● 태극기 집회 : 13회 연인원 1,000만 여명 / 촛불 집회 : 16회 연인원 1,325만 여명
  ● 태극기 집회, '평화투쟁과 다른 방법 동원' / 촛불 집회, '탄핵 안되면 혁명' 주장

O 북극성-2호 시험발사(2.12)에 이어 오는 3월 韓·美 KR/FE 연습에 맞춰 北 핵실험·장거리미사일 발사 등 군사도발 가능성 상존

O 한편, 현행 계엄계획은 평시 보다 전시 상황에 맞춰 개념 위주로 작성되어 있어 現 시국에 적용하는데 다소 제한

## 〈 탄핵심판 선고 이후 전망 〉

O 탄핵심판 결과에 따라 보수세력 또는 진보(종북)세력 준동, 대립 격화
  * 양측 모두 탄핵 심판 결과에 불복, 헌법재판소 점거 등 사법기능 무력화 시도

O 反정부 소요사태(집회·시위 등) 전국 확산 및 과격화 양상 표출
  * 무력진압 과정에서 사상자가 다수 발생하는 등 反정부 여론 고조

O 경찰력만으로 치안질서 유지가 불가능할 정도로 사회질서 마비
  * 청와대 등 주요시설 점거 시도로 軍 병력에 의한 시위진압 불가피

O 사이버上 유언비어 난무, 보수 또는 진보(종북) 세력에 의한 폭력투쟁 등으로 인해 행정·사법 기능 수행 제한, 국정 마비 초래

※ 국가비상사태 조기 안정화를 위한 비상계엄 선포 필요성 대두

군사 II 급 비밀(SECRET)

# ⑪ 국회에 의한 계엄해제 시도시 조치사항

☐ 現 **상황(가정)**

○ 사법·치안기능 마비에 따른 비상계엄 선포 후, 일부 국회의원 및
시민들이 계엄군에 의한 시위 원천 봉쇄 조치에 극렬히 저항

○ 국회 임시회의를 소집하여 재적의원 과반수의 찬성으로 계엄해제 가결 시도
 * 재적의원 과반수의 찬성으로 계엄 해제 요구시 대통령은 해제해야 함.(헌법 77조)

☐ **주요 조치방안(고려사항)**

○ 현 국회는 여소야대 정국으로 의결 정족수 충족, 계엄 해제 가능
 * 국회의원 총 299명 중 진보성향 의원 160여 명, 보수성향 의원 130여 명

○ 당정 협의를 통해 국회의원 설득 및 '해제 요구'직권 상정 원천 차단
 • 여당을 통해서 계엄의 필요성 및 최단 기간내 해제 등 약속을 통해 국회
 의원들이'계엄 해제'의결에 참여하지 않도록 유도
 • 당정 협의 제한시,'해제요구'안 직권 상정 차단 방안 검토

○ 국회의원 대상 현행범 사법처리로 의결 정족수 미달 유도
 • 계엄사령부, 집회·시위 금지 및 반정부 정치 활동 금지 포고령을 선포하
 고, 위반시 구속수사 등 엄중처리 관련 경고문 발표
 • 합수단, 불법시위 참석 및 반정부 정치활동 의원 집중검거 후 사법처리

☐ **검토 의견**

○ 국회에서'계엄 해제'의결 시도시 계엄해제가 불가피한 바, 당·정
협의를 통해 직권 상정 및 표결 저지 대책 필요

군사 Ⅱ 급 비밀(SECRET)

비상계엄 이틀 전. 경기도 안산의 한 롯데리아 매장에 군인들이 모였다. 모임을 주도한 인물은 노상원(육사 41기) 전 정보사령관과 문상호(육사 50기) 현 정보사령관. 노상원. 그는 여군 성추행 문제로 불명예 제대한 인물이다. 성 문제. 2018년 서지현 검사가 JTBC 뉴스룸을 통해 위계에 의한 성폭력을 고발한 바로 그해였다. 당시 육군정보학교장으로 재임 중이던 노상원은 국군의 날인 10월 1일 여군 교육생을 술자리 등에서 강제 추행했고 그 결과 징역 1년 6개월을 선고받고 강제 퇴역을 당했다. 이후 노상원은 수년간 안산시에서 점집을 운영했는데 민간인 신분임에도 현직 군인들을 불러 모았으며, 국방부장관 김용현이 자신을 배신할지에 전전긍긍했다. 불명예 전역한 인물이 현직 고위 장교들에게 영향력을 행사했다는 점에서, 비상계엄 모의가 철저하게 육사 출신들로만 이루어졌다는 점에서, 김건희부터 아니 박근혜부터 시작된 무속과 미신의 신봉자라는 점에서 그는 화제의 중심에 설 수밖에 없었다.

●

12·12군사반란의 피해자인 계엄사령관 정승화와 수도방위사령관

장태완의 회고에 따르면 '하나회'를 넘어 소위 정규사관학교세대가 문제였다. 그들은 자부심이 대단했고 인재 양성이라는 명목으로 혜택을 누리고 대통령의 비호를 받았다. 심지어 군대 내 사조직을 만들어도 구제받았다. 전두환과 노태우는 육사 11기. 이들은 1952년 1월 경남 진해에서 입소식을 가졌고 1955년 10월에 졸업하고 장교가 되었다. 이때부터 4년제 정규교육을 받은, 진정한 의미에서 육군사관학교의 역사가 시작되었고 이후 이들은 군사반란의 선봉에 선다.

어떤 사회든 시스템을 정비하는 데 있어서 엘리트 육성 방식이 보편적이다. 근대 교육제도는 물론이고 조선의 과거제도 같은 것도 결국은 엘리트 교육 아니던가. 문제는 엘리트 교육이 출세의 발판이 되고, 나아가 밀어주고 끌어주는 그들만의 리그가 된다는 점이다. 다시 말해 국가를 발전시키기 위해 만든 제도가 거꾸로 기득권을 창출하는 도구로 변질된다는 것이다. 그래서 엘리트 교육은 매번 효율적이면서도 위험한 수단이다. 명문 고등학교를 나와서 서울대를 들어간 사람들이 국회의원과 정부 관료 자리를 오가며 그들만의 은밀한 인맥으로 사회를 주무르던 시절이 그리 오래되지 않았다. 어쩌면 이런 관행들, 엘리트 집단에 대한 관용이 육사 출신 중심의 혹은 정보사의 끈끈하고 비밀스러운 우애에 불을 지른 것인지도 모른다. "너희니까 할 수 있다"라고.

그러나 보다 본질적인 문제는 군대 내 정훈교육에 있다. 군대만큼 교육에 열정적인 조직도 없다. 일반 사병들만 봐도 그렇다. 수주간의 훈련소 생활은 육체의 훈육을 통한 정신개조를 목표로 한다. 자대에 배치되어도 방식은 꼭 같다. 군사훈련과 더불어 주 1회 3시간 이상 반복적인 정신교육을 받으니 말이다. '까라면 까!'라는 말이 왜 가능할까? 가만히 따져보자. 머리를 깎고 특정한 공간(신병교육대)에 수용된 후 조교를 통해 욕설 섞인 위협을 당하며 기합을 받는다. 속옷과 운동화는 물론 신분증까지 몽땅 반납하고 군대에서 주는 물품만으로 생활을 해야 한다. 훈련병에게 고된 훈련과 '엎드려 뻗쳐'는 일상이다. 군인다워진다는 것은 기초 군사훈련 과정을 통해 기존의 습관을 버린다는 말과 꼭 같다. 이 과정을 마치면 신병이 되어 자대에 배치되고 소대 편성을 받은 후 선임병과 부사관, 장교들로부터 지속적인 훈육을 받거나, 당하며 낯선 임무를 수행해야 한다. "새로 들어온 신병, 개념이 없네?" 훈련소 생활 초기에 느낀 불합리함이나 당혹스러움은 사라진 지 오래. 불과 몇 달 만에 신병이 오면 하나같이 '개념이 없다'는 소리를 하는 인간으로 바뀌어 있다. 도대체 이 개념이라는 것은 무엇일까? 어쩜 이렇게 인간의 생각은 쉽게 바뀌는 것일까? 몸의 훈육을 통한 정신의 개조는 군사독재정권이건 현재건 수십 년째 대한민국 청년을 대상으로 한

결같이 이루어지고 있다.

더구나 군대는 놀랍도록 끈기 있게 정신교육을 반복한다. 매주 수요일 오전 정신전력교육 3시간. 정훈교육 영상 시청과 정훈장교의 강의가 반복되고, 때로는 상급 지휘관이나 외부 인사가 특강을 한다. 강의 내용에 대한 평가는 차치하자. 중요한 사실은 열성적인 종교집단을 제외하고는 이보다 폐쇄적이며 집단적인 교육을 집요하게 실시하는 조직이 어디에도 없다는 사실이다. 더구나 종교인의 경우 일상 대부분을 사회에서 보내는 반면 군인들의 일상생활은 특수 공간에서 동료, 선후배 군인들과 함께 이루어진다.

무엇을 가르치고 배우는가. 강력한 반공주의, 주적 북한에 대한 경계심, 도발에 대한 대응 자세, 참된 군인정신 등. 이런 것들은 1950년대 이래 한 번도 변하지 않고 반복되었다. 때로는 어설픈 실소를 자아내기도 한다. 북한에 대해서는 빠삭하면서도 일본군이 어떤 소총을 쓰는지, 중국군의 기본 편제가 어떤지는 모르는 장교가 수두룩하다. 그런데 1987년 민주화의 물결이 사회 구석구석으로 파고들었다. 학교에서는 적대적 반공주의를 완화하고 평화통일교육을 강조하기 시작했다. 군대 역시 새로운 가치에 영향을 받았지만, 동시에 '신좌경사상'에 대한 교육을 시작했다.

신좌경사상? 모호하지만 무척 위험해 보이는 이 개념은 노태우 정권 시절에 등장하여 지금까지 살아남았다. 새로운 좌익사상을 경계해야 한다는 주장인데 사실 뻔하다. 민주화 이후의 사회변화, 그것이 지닌 진보적·발전적 모습에 대한 공포심, 좋게 말해 군의 보수성과 오랫동안 군대를 지배해온 이념적 정향을 유지하려는 발상에 불과하다. 신좌경사상은 학문적으로 정립된 주장이 아니기 때문에 그만큼 모호하고 편의적으로 활용할 수 있다. 1990년대에는 전대협(전국대학생대표자협의회)에서 한총련(한국대학총학생연합회)으로 이어지는 대학생들의 급진주의가 대상이었을 것이고, 2000년대에는 노무현으로 상징되는 새로운 세대의 생활문화가 문제시되었을 것이다. 김대중·노무현 같은 야권이 권력을 잡아도 이 주장은 근본적으로 바뀌지 않았다. 군대는 나라를 지키는 집단, '안보'를 최우선으로 하는 집단이니까. 안보를 위해서라면 북한은 물론이고 내부에 암약하는 세력에 대해서도 경계를 소홀히 하면 안 되니까. 가능하다면 과거의 녹화사업처럼 좌경 청년들의 정신 세계를 개조할 수도 있으니까.

끊임없이 변화하는 사회와 변화를 인정하지 않는 군대. 변화를 좌경이라 규정하며 잘못이라 평가할 수 있는 집단. 이들의 신좌경사상에 대한 끝없는 공포는 2000년대 이후 두 가지 새로운 조류와 만나게 된다. 하나는 뉴라이트, 다른 하나는 젊은 남성들의 안티페미니즘.

공교롭게도 전두환은 군대의 민주화에 영향을 미쳤다. 12·12군사반란 당시 정승화 계엄사령관을 체포한 후 이등병으로 강등, 강제전역을 시켰고 수도방위사령관 장태완에게도 비슷한 조치를 취했는데 이것이 1987년 이후 문제가 된다. 정승화는 김영삼의 통일민주당 상임위원이 되어 신군부에 맞섰다. 그는 12·12군사반란이 '일부 정치군인들의 잘못된 행태'였으며 자신의 명예회복은 다수 보편적인 군인들의 위상을 바로 세우는 길이라고 주장했다. 1988년 광주청문회부터 1997년 신군부에 대한 사법처리까지 정승화는 신군부를 향한 고소와 고발, 진상규명과 책임자 처벌을 향한 여론 조성에서 중요한 역할을 하였다. 장태완 역시 마찬가지였다. 그는 1994년 재향군인회 회장이 된다. 민주화 흐름에 맞추어 재향군인회 최초로 회장선거에 '직선제'를 도입했는데 압도적인 득표로 장태완이 당선된 것이다. 장태완의 행보는 거침이 없었다. 그는 재향군인회 사상 최초로 '군인의 정치 중립화 선언'을 주도하였으며 재향군인회 명의로『12·12 5·18 진상』과『12·12 5·18 실록』이라는 백서를 발간했다.

재향군인회는 전역한 군인들의 모임이다. 1961년 5·16군사쿠데타 이후 군인은 한국사회의 주축이었다. 이들은 박정희, 전두환, 노태우라는 세 명의 군인 대통령을 모시면서 승승장구했다.

'ROTC 특채'가 상징하듯 군 경력자들은 제대 후 손쉽게 사회에서 자리를 잡았다. 고위 장성 출신 중 상당수가 국가기관장이나 이사장에 이름을 올렸고 그중 일부는 정치인으로 변신하여 출세를 거듭했다. 5·18민주화운동에 관한 진상규명이 왜 지금까지도 제대로 이루어지지 않는가. 군인들이 증언을 거부하기 때문이다. 왜 그들은 증언을 거부하는가. 그들 인생의 모든 것, 현역 생활뿐 아니라 전역 이후의 사회 진출, 인생 말년의 군인 연금까지 엮여 있기 때문이다. 어쩌면 군대 전체가 하나회 같은 사조직이었을지도 모른다. 여하간 이러한 사정으로 재향군인회는 특별한 성격을 지녔는데 장태완은 특유의 카리스마로 직선제, 중립화 선언, 백서 발간 등을 추진하며 재향군인회의 성격을 변화시켰다. 당시 보안사 기밀문서를 보면 향군회장의 행보에 대한 우려 섞인 보고가 지속적으로 올라온다. 하지만 김영삼 대통령이 주도하는 문민개혁의 인기가 하늘을 찌를 때였고 신군부에 대한 역사적 단죄 여론이 들끓고 있던 때. 장태완은 분명 새로운 길을 만들어냈다.

●

여기까지였다. 1997년 11월 22일 IMF 구제금융 신청 이후 김영삼은 국민적 지탄의 대상이 되었다. 더구나 김대중·노무현 정권의 등장은 좌파, 종북세력에 대한 보수세력의 커다란 반감을 불러일으켰다. 개혁의 시대가 끝나고 보수 반동의 시대가 도래한 것이다. 노무현을 향한 언론의 끔찍한 공격을 기억하는가? 사회가 그랬으니 군대는 오죽했을까. 더구나 2000년대 이후의 사회변화는 '세대 갈등'으로 번졌다. 오늘날 40대와 70대, 아버지와 아들의 사이는 진보정권의 등장을 통해 극적으로 나빠졌다. 외환위기를 통해 부모들은 박정희 시대로 회귀했으며 그 시절에 대한 무한한 향수를 자녀세대에 강요하였다. 정치 공세 또한 대단했다. 지만원은 저열한 방식으로 5·18민주화운동을 폄훼하였고, 육군 장성 출신 예비역 모임 '성우회'는 노태우 정권기 국방부장관 이상훈의 영도로 극단적 보수화의 길을 걷게 된다. 허화평, 박희도 등 신군부 출신들이 주도하는 극우단체의 등장도 모두 이때의 일이다. 비로소 광장에 군복을 입은 시위대가 등장한 것이다.

그리고 2010년대 들어 본격화된 젠더 갈등은 20대 남성들의 보수화를 부추겼다. 상황은 엉뚱하게 흘러갔다. 페미니즘에 대한 피해의식이 진보정치에 대한 반감으로 이어졌고 이러한 정서는 곧장 극우적 태도로 돌변하였다. 이준석을 거쳐 김문수로 갔다고나 할까? 이들은 유튜브에 집결하였고 자신들과 다른 생각을 가진 이들을 공격하는 데 주저함이 없었다. 무엇보다 뉴라이트적인 세계관을 무비판적으로 흡수했다. 독립운동과 민주화운동을 무시하고, 경제성장을 근거로 독재정권을 무한히 긍정하며, 반일정서에는 반중감정으로 맞서고, 조선은 저열한 나라로 몰아가며 일제강점기를 미화하는 데 여념이 없었다. 20~30대 남성들은 놀랍도록 빠르게 70대와 세계관을 공유하였고 이를 통해 언제든 보수주의가 극단주의로 변할 수 있다는 끔찍한 가능성을 현실화했다.

●

고등학교 때 일베(극우 성향의 온라인 커뮤니티 '일간베스트'의 줄임말)에 빠진 남학생들이 성인이 되어 처음 경험하는 정치적 장소가 바로 군대이다. 정훈교육이 지향하는 보수성과 남학생들이 성인이 되며 쌓아올린 피해의식 혹은 정치의식의 교잡은 어떤 문제를 일으킬까. 한국의 교육제도는 지나칠 정도로 비정치적, 비사회적이며 대학의 진보적 문화 또한 사라진 지 오래이다. 유튜브를 제외하고 정치감각을 기를 수 있는 곳이 현재로서는 군대밖에 없다.

그런데 윤석열 정부하에서 군대는 어땠는가. 내란사태에도 불구하고 국방일보는 윤석열의 입장을 무비판적으로 보도했다. 앞서 육군사관학교는 홍범도를 비롯하여 이회영, 이범석, 김좌진, 지청천 장군의 흉상을 이전하려 했다. 홍범도는 빨갱이, 김좌진은 마왕. 이들의 역사지식은 박약하기 짝이 없지만 지나칠 정도로 과감했다. 이범석은 이승만 정권에서 국방부장관과 국무총리를 역임한 인물, 광복군 총사령관 출신의 지청천은 대동청년단을 이끈 극우 인사, 신흥무관학교를 만든 이회영은 아나키스트로 전향했다. 이런 역사적 사실이 그들에게 무슨 의미가 있었을까. 좌파정권 문재인 때 만든 흉상 이상도 이하도 아니었을 것이다. 개정된 정훈 교재에는 이승만을 찬양하는 내용이 빼곡히 실렸는데 이는 영화 〈건국전쟁〉이나 이승만·트루먼 동상 건립운동을 비롯하여 윤석열 정권 이래 추진된 이승만 미화 작업과 궤를 같이하고 있다. 신좌경사상에 대한 '반공적, 적대적, 보수적' 정신교육을 지향한다고 말하기에는 지나치게 정치적이며 보수·반동 혹은 극우·뉴라이트와 너무나 일치한다. 왜 육사 출신 엘리트들이 내란사태에 적극적이었을까. 도대체 육군사관학교 생도들은 4년간 어떤 교육을 받을까. 그들의 교육제도는 민주공화국에 어울리는 수준에 도달해 있을까. 군대에 대한 민의 통제는 이제 교육의 관점에서 접근해야 한다.


●


『대한민국 군인 정승화』라는 책에는 흥미로운 일화가 담겨 있다. 4·19혁명이 일어나자 이승만 정권은 비상계엄을 선포, 군의 출동을 명령했다. 당시 장군들은 어떤 대화를 나누었을까? 통제 불능 상태가 되어가고 있다. 이대로 가면 발포를 해야만 한다. 그렇다고 국민들에게 발포를 할 수는 없지 않은가. 그렇다면 어떻게 해야 할까? 이승만 각하가 '하야'를 해야 한다. 그리고 1952년 부산정치파동 당시 비상계엄을 거부하고 군의 중립을 지켰던 이종찬 장군을 모셔와야 한다. 유재흥을 비롯한 이승만 정권기 장군들은 혁명으로 촉발된 사회 혼란을 이유로 국민을 억압하고 짓누르지 않았으며 명령 거부로 응수했다. 실제로 1960년 4월의 광장에서 계엄군과 국민은 얼싸안고 울었고 시위대는 군인들이 모는 탱크를 타고 행진했다. 그렇게 우리 역사 유일의 민주혁명이 성공한 것이다.

하지만 '박정희와 그들'이 이끄는 군대는 전혀 다르게 행동하였고 '전두환과 그들'은 광주에서 참극을 벌였다. 혁명의 열기, 민주화에 대한 열망을 악용하여 권력을 잡으려는 기회주의적 의지는 1961년에도, 1979년에도 널려 있었던 것이다. 기회주의. 영화 〈서울의 봄〉이 정확히 묘사했듯 권력을 움켜쥐려는 자들이 보다 적극적이었다. 반란을 막아야 했던 윤성민 육군참모차장은 사태를 수수방관하고 훗날 전두환 정권의 국방부장관이 되었다. 5·16쿠데타 당시 2공화국의 참모총장 장도영이 박정희와 함께 국가재건최고회의 공동의장이 되거나 12·12군사반란 당시 노재현 국방부장관이 장태완의 군사작전을 막아선 것들 또한 비슷비슷한 이야기이다.

유사한 사례는 최근 공개된 보안사 비밀문서에서도 반복된다. 김영삼의 역사바로세우기는 전두환·노태우 등 신군부의 주요 인사들을 타깃으로 삼았고 '최소한의 처벌'을 목표로 했다. 그 방편

중 하나가 현직 군인들에 대한 불기소 처분. 하나회더라도, 잘못이 있더라도 군인이라면 기소하지 않은 것이다. 이에 대한 사회적 비판이 끊이지 않았으나 군부의 입장은 달랐다. 보안사는 이때부터 군대 내 하나회 회원들을 감시하며 그들의 동향을 정부에 보고하였다. 문민개혁에 순응하던 그들만의 방식. 아마도 이런 식으로 개혁과 반개혁, 진보와 보수 사이에서 군부는 어정쩡한 모습으로 자신들을 지키며 현재까지 온 듯하다. 도대체 국방부장관 김용현(육사 38기), 육군참모총장 박안수(육사 46기), 수도방위사령관 이진우(육사 48기), 특전사령관 곽종근(육사 47기), 방첩사령관 여인형(육사 48기) 등은 왜 내란 음모에 가담했던 것일까. "만약에 다시 군인들의 세상이 온다면?" 그 달콤한 환상, 오랫동안 내려온 기회주의적 전통에서 벗어날 수 없던 것은 아닐까.

●

비상계엄이 선포되던 12월 3일로 돌아가보자. 장갑차가 시내에 진입했고 헬기가 국회에 착륙했다. 무장한 군대는 본회의장에 들어가기 위해 유리창을 부수었다. 하지만 국회 장악에 동원된 병사들은 주저했다. 눈빛은 자신이 없었고 행동에는 확신이 없었다. 군인들은 국회의 탄핵 무효 절차를 방해하지 않았거나 못 했으며 탄핵

무효가 선언되자 서둘러서 본대로 복귀하였다.

이후 우리는 항명과 저항의 목소리를 들을 수 있었다. "상관의 명령은 헌법과 법률에 맞지 않는 행동입니다. 위법 사항에 대해서는 거부하겠습니다." 이들은 국회 증언과 경찰 조사, 헌재 증인 출석 등을 통해 당시의 상황을 정확히 증언했다. 1980년 5·18민주화운동, 1979년 부마민주항쟁 당시와는 참으로 다른 모습 아닌가. 그때 군인들은 시민들을 공격하는 데 주저함이 없었다. 곤봉을 휘두르고 지나가는 사람을 군홧발로 짓밟았다. 웃통을 벗기고 무릎을 꿇리고 심지어 대검을 뽑거나 총을 쏘기까지 했다. 도청 앞 집단 발포는 물론이었고 주남 마을에서는 인간 사냥까지 자행했다. 지나가는 버스를, 도망가는 사람을 총으로 쏴서 주저앉히고, 살려달라고 비는 사람들을 죽였다.

왜 그때와 지금이 이렇게나 다를까? 민주화의 결과이다. 민주주의의 힘이다. 국민의 적극적 의지, 민주주의를 향한 열정과 그것이 퍼져나간 지난 30여 년의 역사. 민주주의가 사람들의 마음에 당연한 것이 되었듯 군인들의 가슴에도 심긴 것이다. 군인들 또한 민주국가의 시민이다. 이들 또한 민주국가에 어울리는 군인정신을 가져야 할 것이다. 역설적이게도 이번 내란사태는 군부의 심장을 정확히 겨냥하고 있다.

4.

[    공무원    ]

## [    수사단장 입장문    ]

저는 해병대 수사단장으로서 故 채수근 상병 사망사고를 수사함에 있어 법과 양심에 따라 수사하고 그 죽음에 억울함이 남지 않도록 하겠다는 유가족과의 약속을 지키기 위해 노력하였습니다. 또한 사건 발생 초기 윤석열 대통령께서 엄정하고 철저하게 수사하여 이러한 일이 재발하지 않도록 하라고 지시하셨고, 저는 대통령님의 지시를 적극 수명하였습니다.

수사 결과 사단장 등 혐의자 여덟 명의 업무상 과실을 확인하였고, 경찰에 이첩하겠다는 내용을 해병대사령관, 해군참모총장, 국방부장관에게 직접 대면 보고하였습니다.

국방부장관 보고 이후 경찰에 사건 이첩 시까지 저는 그 누구로부터도 장관의 이첩 대기명령을 직접/간접적으로 들은 사실이 없습니다. 다만 법무관리관의 개인 의견과 차관의 문자 내용만 전달받았을 뿐입니다.

현재 저는 국방부 검찰단에 집단항명수괴로 형사입건되어 있고 해병대 수사단장은 보직해임되었습니다.

지난 30년 가까운 해병대 생활을 하면서 군인으로서 명예를 목숨처럼 생각하고 항상 정정당당하게 처신하려고 노력하였습니다. 해병대는 정의와 정직을 목숨처럼 생각합니다. 그러한 '해병대정신'을 실천했을 뿐입니다.

앞으로 저에게 발생되는 일들에 대해서도 시종일관 정정당당하게 임하도록 하겠습니다.


해병 대령 박정훈

2025년 1월 5일 공수처는 윤석열 체포영장 집행을 경찰청 국가수사본부에 일임한다는 공문을 발송하였다. 체포는 경찰이, 수사는 공수처가 하겠다는 입장이었다. 비판이 쏟아졌다. 공수처의 역할은 무엇인가, 체포도 못 하면서 왜 수사권을 가져왔는가. 체포영장 기한 동안 공수처는 단 한 차례 한남동 관저를 방문했으며 5시간 동안 대치를 했지만 적법한 물리력 행사는커녕 우물쭈물하다 돌아왔다. 그리고 영장 마감 마지막 날 일방적인 통보로 인해 체포는 고사하고 경찰과 갈등만 벌였다. 체포영장 집행이 실패한 1월 3일 이후 한남동 관저 인근에서는 탄핵 찬성과 반대의 목소리가 강하게 울려 퍼졌다. 시민들은 눈을 맞아가며 '키세스 전사'가 되었고 시위는 밤새 계속되었다. 한편 마지막 기회라도 잡은 듯 김민전, 윤상현, 나경원, 김기현 등 국민의힘 국회의원들은 사태의 본질을 흐리고자 공수처의 불법성을 강변하였고, 전광훈 목사와 극우파들은 '애국보수'를 참칭하며 지지세력을 결집하는 데 여념이 없었다. 1차 체포가 실패로 끝난 이후 경호처는 차벽을 더욱 촘촘히 쌓았으며 관저 일대에 철조망과 쇠사슬까지 설치하였다.

2021년 1월 21일 검찰개혁의 일환으로 고위공직자범죄수사처, 즉 공수처가 출범한다. 윤석열은 노골적으로 공수처를 폄하했고 한동훈은 "정치질 하는 수사기관"이라 비판했다. 공수처가 담당한 첫 번째 재판은 조희연 서울시교육감의 해직교사 특별채용 의혹이었는데, 공수처가 공직사회의 혁신을 일으킬 것이라는 의도와는 전혀 다른 출발이었다. 이때부터 지금까지 공수처의 활동 중 기억나는 것이 얼마나 있을까. 출범 초기의 기대와는 전혀 다른 행보였던 셈이다. 문재인 정권의 검찰총장이 민주당의 호적수가 되고, 한때 유시민을 비롯한 야권의 비평가들이 그의 듬직한 모습을 칭찬했으나 수년이 지나 정반대의 이야기를 해야만 하는 현실. 사람 마음이야 모르는 일이라지만 왜 제도개혁은 매번 원하는 결과에 이르지 못할까. 애초에 개혁안 자체에 문제가 있었던 것일까. 아니면 제도개혁에 저항하며 어떻게든 관행을 유지하려는 공무원의 조직문화 때문일까. 왜 공무원들은 정치인들의 협잡에는 민감하게 반응하면서 변화와 혁신에는 이토록 소극적일까.

2003년 4월 2일. 노무현 대통령은 국회 국정 연설에서 "공무원 스스로 공직사회를 개혁하게 하겠다"는 포부를 밝혔다가 곤욕을 치른다. 대통령 말대로라면 현직 공무원들은 모두 반개혁적이냐는 보수언론의 거센 비판이 이어졌기 때문이다. 이보다 앞선

1993년 김영삼 대통령이 집권 당일 자신의 재산을 공개하며 고위 공직자들의 자발적인 재산 공개를 요구했다. 이는 '윗물맑기운동'으로 이어지며 행정 쇄신의 신호탄이 되기도 했다. 노무현은 김영삼의 뒤를 잇지 못했고 이후 공직사회가 어떻게 변했는가에 대한 소식은 전해지지 않았다. 사실 이런 이야기는 매우 이례적이다. 한국 현대사에서 '공무원의 역사'는 단순했다. 헌법 7조 1항 공무원은 "국민 전체에 대한 봉사자이며, 국민에 대하여 책임을 진다"라는 조항은 진지하게 숙고된 적이 없다. 이승만·박정희 등 보수세력은 공무원을 통치의 수단으로 활용했고, 2공화국과 김대중 정부는 공무원조직을 합리적으로 운영하고자 했다. 무엇이 통치의 수단이고 무엇이 합리적인 운영일까. 이 애매한 경계선에서 공무원의 조직문화가 싹텄던 것이다.

●

한국전쟁 이후 이승만은 '공무원과 경찰의 힘'으로 나라를 이끌었다. 그는 헌법과 법률을 신경 쓰지 않았고 행정력을 과시하며 사회를 통제했다. 공무원들은 청년단, 부녀동맹 등등 각종 이승만 추앙단체를 지원, 육성하였고 민간단체들은 강제 모금 활동을 통해 이승만과 자유당의 정치자금을 마련하였다. 이승만의 전위대였던 경찰은 충성의 대가로 사적 이득을 취했다. 카리스마 있는 대통령의 칼잡이들. 이런 방식으로 공무원과 경찰은 국민 앞에 군림했다.

그리고 정치깡패. 동대문파 이정재는 가슴에 총을 품고 국회를 방문, 국회의원 김두환을 위협했다. 함께 있던 초선의원 김영삼의 회고이다. 공무원과 정치깡패는 공조하여 이승만의 명령을 수행했다. 발췌개헌 당시 공무원은 국회를 포위했고 헌병과 경찰은 국회의원을 납치했으며 깡패들은 관제 시위를 벌이고 의원들을 겁박했다. 그들은 손발을 착착 맞춰 이승만의 영구집권에 헌신하였다. 그렇게 1950년대 공무원조직은 더럽혀졌고 그랬기 때문에 3·15부정선거도 가능했다. 어차피 세상은 이렇게 돌아가고 공무원이 된다는 것은 조국을 위해 더러운 일도 감수하겠다는 뜻. 선거조작? 부정선거? 내무장관 최인규가 책임진다고 했으니 내 책임이 아니다. 맡겨진 일을 하면 될 뿐 아닌가.

4·19혁명은 이를 단죄했다. 혁명의 여러 의의 중 하나는 부정부패의 척결, 공무원과 경찰조직의 개혁이었다. 하지만 2공화국은 지극히 온건했다. 장면 총리는 권력을 합리적으로 사용하려 했을 뿐 관료사회의 뿌리 깊은 부정부패 문제를 외면했다. 위치가 바뀌면 입장이 바뀌는가. 빗발치는 국민적 요구는 번번히 무마되었고 단 하나의 실천도 이루어지지 않았다. 이승만에게 충성을 바쳤듯 2공화국에도 꼭 같을 것이라 믿었던가. 그렇게 2공화국은 허송세월을 보냈다.

박정희는 박정희다웠다. 사회정화를 명분으로 부패 공무원을 척결했고, 관료사회의 중심에 군인과 군대문화를 주입시켜 조직을 장악하였다. 박정희 정권은 공무원의 숫자를 대폭 늘려나갔다. 그럴 수밖에 없었다. 1960년대 이후 정부 주도의 경제발전이 추진되었고 경제학자 장하준이 지적한 대로 한국의 산업화는 경제학자보다는 법과 행정을 전문으로 하는 관료들이 주도했다. 정부는 정점에 대통령이 있으며 수직적이고 위계적인 군대문화를 바탕으로 목표를 달성하는 조직. 이번 내란사태에서 변명처럼 반복되었듯 1960년대 이후 공무원사회에서 가장 중요한 덕목은 '상명하복'이었다. 대통령을 위함이 나라를 위함 아닌가.

문화만큼 강력한 것은 없다. 매해 교실에는 급훈이 걸리지만 학생들이 눈치를 보는 것은 선생님의 학급 운영 방식이다. 박정희의 유산은 관료사회에 그대로 남았고 민주화 이후의 대통령들은 이 문제에 관해 철저한 변화를 도모하지 못했다. 1994년 시드니선언 이후 김영삼은 개혁보다는 '세계화'에 방점을 두었으며, 청렴결백한 개혁 공무원보다는 세계화 시대에 걸맞은 '유능한 공무원'을 선호했다. 정권교체에도 불구하고, 김대중·노무현 정권 또한 실력 있는 공무원, 실력을 발휘할 수 있는 관료조직이 핵심 화두였다. 유능함이 도덕성보다, 탁월함이 청렴성보다 중요하다는 인식에서 보수와 진보는 아무런 차이가 없었다. 그랬기 때문에 공무원의 문화적 정체성에는 '스스로 정의를 이룬 경험'이 부재하다. 개혁은 대통령의 몫이고, 성취는 대통령만의 업적이었다. 공무원은 이를 이루는 도구에 불과했으며 집권 5년간의 통치 방식에 따라 공무원의 덕목도 강점도 끊임없이 바뀌어야만 했다.

●

사회정의를 향한 경험의 부재. 왜 국무총리 한덕수는 그렇게 떠나갔고 권한대행 최상목은 이렇게 있을까. 국회에 탄핵을 당한 한덕수는 대통령실과 여당의 반발에도 불구하고 13일간 유지됐던 권한대행 자리에 미련을 두지 않았다. 대세가 기울었다고 판단한 것일까. 박범계와 박지원은 자신들이 알던 한덕수가 아니라며 분통을 터뜨리기도 했다. 과연 노무현 정권 때의 한덕수와 윤석열 정권 때의 한덕수는 다른 존재일까? 윤석열 덕분에 최장수 총리가 된 한덕수의 역할은 무엇이었는가? 정부 정책을 변호하고, 허허실실 전략을 펼치는 이인자. 기회가 주어지면 이회창이나 이낙연처럼 대권을 넘볼 수 있는, 기실 총리직이 아닌 정무직에 방점을 찍고 있던 게 아닐까? 체포영장 집행에서 여전히 대통령의 편을 들었던 권한대행 최상목. 왜 그는 양쪽 모두에게 비판받을 일을 합리적이라 생각하며 헌법재판관 세 명 중 두 명을 임명하고 한 명에게는 여야 합의를 요구하였을까? 1·19폭동 당시 9시간 동안 침묵하고 사건이 벌어진 이후에야 원론적인 발언을 반복한, 학창시절 천재 소리를 들었던 기획재정부 관료 출신의 권한대행에게 '정치적 침묵'은 반드시 지켜야만 하는 고위 관료의 미덕인가.

체포영장을 받아든 공수처장 오동운의 입장은 어땠을까. 윤석열 정권에 의해 임명된 수사기관장. 검찰총장 출신의 대통령은 문재인 정권의 사법개혁에 오랫동안 반발했으며 검찰의 권능을 둘러싼 갈등은 집권 내내 이어졌다. 그런데 대통령을 체포하라고? 박근혜 정권에서 검사 윤석열과 한동훈이 겪었던 일들을, 정권교체에 따라 흥망을 거듭했던 수많은 고위 관료를 지켜본 입장에서 오동운의 처세는 지극히 자연스러운 모습일지 모른다. 한덕수, 최상목, 오동운 등에게는 기회주의로 단순화할 수 없는 그들만의 독특한 문화적 체험이 있었던 것이다.

●

민주화 이후 수차례 벌어진 정권교체는 공무원들에게 정의감은커녕 '처세술'만 가르쳐준 듯하다. 권력이 바뀌면 정책이 바뀐다. 이전 정권의 정책은 어떤 형태로든 반박을 당하고 너무나 쉽게 폐기

된다. 정부 정책은 물론이고 지자체에서도 비슷한 일이 반복되었다. 단체장이 바뀔 때마다 손바닥 뒤집듯 각양의 것들이 바뀌었으니 말이다. 구체적인 예를 들어보자. 오세훈에서 박원순으로, 박원순에서 오세훈으로. 서울시장이 바뀔 때마다 서울시 로고 교체 작업에 엄청난 예산이 소요되었다. 박원순 시장 시절, 독일의 국민대학을 표방하며 '자유시민대학'이라는 것이 들어섰다. 예전 기상청 건물에 본부를 마련한 시민대학은 시의 적극적인 후원과 더불어 평생교육, 특히 인문교육의 가치에 공명하는 지식인들을 중심으로 수년 만에 급성장하였다. 주 1회 2시간씩 5주 기본 과정을 바탕으로 본부에서는 10주짜리 심화 교육과 시민석사 학위 과정을 마련하였고 시민청을 비롯하여 서울시 주요 권역에 교육 공간을 세워 수백 개의 강좌를 운영했다. 강동캠퍼스처럼 대규모 교육장이 들어서기도 했고 대학과 연계한 강연은 물론이고 동아리와 자치활동 지원 프로그램 등도 마련했다. 대부분의 지자체 문화학교가 실용 교육에 치중했다면 시민대학은 철학과 역사 등 인문학을 중요시했으며 서울학, 생태학 등 새로운 학문적 경향을 수용하는 데도 적극적이었다.

하지만 상황은 일거에 뒤집어졌다. 시장이 바뀌자 예산은 대폭 축소되었고 수많은 교육장이 문을 닫았다. 무엇보다 교육과정이 완전히 바뀌었다. 오세훈 시장은 실용성을 중시했고 이제 시민 대학의 대부분은 지자체 문화대학과 구별하기 어려운 형편이다.

시민대학은 여전히 존재한다. 하지만 정체성은 박탈당했고 꽤 긴 기간 이뤄낸 성취는 온데간데없이 사라져버리고 말았다. 단지 시장이 바뀌었다는 이유만으로.

구청의 상황도 비슷하다. 서울 서대문구청의 예를 들어보자. 문석진 구청장 시절 서대문구는 '독립민주축제'를 12년(2010~2022)간 진행했다. 서대문구에는 대표적인 근현대문화유산인 독립문과 서대문형무소가 있다. 동학농민운동과 갑오개혁의 실패가 이어진 1896년 독립협회가 조직된다. 협회는 우리 역사 최초의 민간 신문을 발행하였고, 신문을 중심으로 토론과 참여가 이어지며 입헌군주제와 공화정이 논의되는 등 구국운동은 새로운 단계를 향해 나아갔다. 협회는 중국 사신을 영접하던 '영은문'을 헐고 그 앞에 독립문을 지었는데 우리 역사 최초의 민주적 노력이 깃든 건축물이다. 근처에 있는 서대문형무소는 일제강점기 독립운동가들이 투옥되고 고충을 겪은 곳이다. 해방 후에도 1980년대까지 구치소로 활용되었기 때문에 민주화운동의 역사 또한 고스란히 품고 있다. 오늘날 서대문형무소는 역사관이 되었고 한 해 수십만 명의 학생과 관람객이 찾아오는 대표적인 관광지가 되었다. 여전히 일제강점기 억압의 기록을 중심으로 전시가 이루어지지만 그럼에도 불구하고 한국 근현대사를 공부하고 체험하는 대표적인 시설이라 할 수 있다.

민주당 출신 구청장은 이러한 역사문화유산의 가치를 반영하여 매해 광복절 즈음에 2박 3일간 '독립민주축제'를 진행했다. 독립과 민주, 한국 근현대사의 두 축인 독립운동사와 민주화운동사를 기리는 행사였는데 클래식 공연이 가미된 역사 콘서트를 중심으로 독립민주지사 풋프린트 행사 등 다양한 프로그램을 실시하여 지역 주민들에게 큰 호응을 얻었다. 하지만 결론은 마찬가지. 구청장이 국민의힘 소속으로 바뀌자 행사명이 갑자기 '독립페스타'로 변했다. 구청장이 단독으로 내린 결정이었다. 그리고 교체된 담당 공무원이 자문위원들에게 전화를 걸어 행사 변경에 대한 동의서를 요구했다. 이에 대한 반발로 자문위원 대부분이 사퇴했지만 행사는 신임 구청장의 뜻대로 열렸고 12년간 이어진 서대문구의 지역 축제는 유명무실해졌다. 오늘날 정권교체와 민선 단체장 시대의 일상이 이렇다.

담당 공무원의 입장은 어떨까? 일할 맛이 날까? 가치의 연속은 행정의 연속으로 구현된다. 인문학·서울학·생태학이 정치와 얼마나 유관할까. 민주주의가 어떻게 민주당의 전유물일까? 노태우부터 윤석열까지 보수정치 역시 민주주의의 한 축으로 기능하지 않았던가. 하지만 정쟁과 무관해야 할 것들이 선출직 공무원들의 위세에 쉽사리 무시되고 망가진다. 수백, 수천의 공무원은 이들을 떠받들어야 하고 이 빈번한 들쑥날쑥을 감당해야만 한다. 공무원들은 단지 도구에 불과한 것일까? 이들도 치열한 노력을 통해 자신들의 지위를 성취했다. 보람, 성취감, 의욕은 직업인으로서 누려야 마땅한 권리이다. 위로부터의 일방적인 결정이 이들이 마땅히 누려야 할 것들을 빼앗는다면 어떻게 공무원들이 보다 유능해지고 보다 청렴결백해질 수 있겠는가.

●

계엄 지시는 따를 수 없다! 내란 당일 법무부 류혁 감찰관은 사표를 통해 위법한 명령을 즉각 거부했다. 국정원 제1차장 홍장원 역시 계엄 조치에 반발하고 경질되었다. 류혁과 홍장원. 과연 이들 뿐이었을까? 위법한 지시에 대한 저항은 어제오늘의 일이 아니다. 박근혜 정권 당시 문화예술계 블랙리스트사건을 기억하라. 무려 3000여 개의 단체와 9473명의 문화예술인의 이름이 검열 명단에 올랐다. 수많은 공무원이 동원되어 문화예술인들을 선별했고 지원금을 끊거나 행사를 방해했다. 이때도 몇몇 공무원이 명령을 거부했고 그 결과 공직을 박탈당했다. 인권위원회를 통해 확인할 수 있는 수많은 공익제보자, 정부와 고위 관료의 부정부패를 문제 삼으며 국가정체성을 지키고자 노력했던 이들의 결말은 어땠는가. 2022년 행정안전부 경찰국 신설에 반발하여 서장회의를 주도했던 류삼영 울산중부경찰서장이 직무에서 해임된 뒤 서울 동작구 국회의원 후보로 나오는 것이 정상적인 모습일까?

2023년 7월 19일 해병대 1사단 소속 채수근 일병이 급류에 휩쓸려 목숨을 잃었다. 무리한 실종자 수색 때문이었는데 대통령실과 국방부는 임성근 해병대 1사단장 등을 지키고 사건의 진상을 은폐하기 위해 외압을 행사했다. 이에 저항한 인물이 박정훈 대령이다. 2025년 1월 9일 항명과 상관 명예훼손 재판에서 무죄 판결을 받은 박정훈 대령은 18개월째 아무런 임무 없이 사무실에서 면벽수행을 강요당하고 있다. 이들의 양심적인 선택, 상급자의 명령이 아닌 국민을 바라보고자 했던 공무원들의 노력은 어째서 매번 조직에서의 왕따와 직위 박탈, 그로 인한 경제적 곤란으로 귀결된단 말인가.

●

선거의 후폭풍은 범죄자들의 화려한 복귀로 이어지기도 한다. 2024년 11월 8일 조윤선은 서울시립교향악단 비상임이사로 위촉되었다. 그는 블랙리스트 작성을 주도했던 박근혜 정부의 문화체육부장관. 덕분에 징역 1년 2개월의 실형을 선고받았음에도, 당시 피해를 입었던 많은 문화예술인들의 항의가 있었음에도 임명은 철회되지 않았다. 돌아온 이들은 끊임없이 자신의 과오를 변명하거나 왜곡한다. 문화예술계 좌파 담론을 주도했던 이명박 정권의 문체부장관 유인촌이 윤석열 정부에서 다시 문체부장관이 된 것은 빙산의 일각이다. 12·3내란사태 당일 한예종은 어떤 곳보다 먼저 문이 닫혔고 학생들은 갑자기 쫓겨났다. 그런데 어쩌랴. 이들을 옆에서 보좌하며 야당 의원들의 질타를 감내해야 하는 이들이 공무원 아닌가.

공직사회의 위기는 다방면에서 감지되고 있다. 세상은 빠르게 변했고 이제 무뚝뚝하게 서민을 대하는 공무원을 찾아보기란 어렵다. 시민들의 민주적 일상은 강화되었지만 관료조직의 권위주의는 과거와 꼭 같다. 더불어 낮은 임금과 가중되는 업무강도. 이들이 경험해야 할 긍지란 도대체 무엇일까.

윤석열에 대한 심판은 끝이 아니라 시작이다. 새로운 시작을 위해 무엇을 해야 하는가. 공무원들의 삶에 연속성을 부여해야 한다. 실무를 담당하는 이들에게 실권이 있고, 충주시 유튜브처럼 눈에 띄는 화려함은 아니더라도 지역을 살리고, 지역민과 소통하고, 사회정의와 사회변혁 혹은 지역의 개혁적 주체로서 활동하고 기능하며 성취할 수 있는 구조를 마련해야 한다. 공무원들에게 실권과 책임을 안겨주는 것을 두려워하지 말라. 그들이 자유롭게 말하고 행동할 때 관료사회는 새로운 문화를 경험하게 될 것이고 한국사회는 한 걸음 더 앞으로 나갈 수 있다.

5.

[      검찰      ]

# [   검찰의 김용현 내란 중요임무 종사 및 직권남용 혐의   ]
## [   공소장 보도자료   ]

1. 국헌문란의 목적이 인정됨

○ 피고인 등의 행위 결과가 국헌문란에 해당

- 대통령이 위헌·위법한 비상계엄 선포, 위헌·위법한 포고령 발령하고, 무장한 군과 경찰을 동원하여 국회 봉쇄

- 국회, 선관위 등을 장악한 다음 위헌·위법한 포고령에 근거하여 국회의원 등 주요 인사와 선관위 직원을 영장 없이 체포·구금 시도, 선관위 전산자료를 영장 없이 압수 시도

- 군과 경찰을 동원하여 국회의원들의 비상계엄 해제요구안 의결 저지하려고 시도, 국회를 무력화시킨 후 별도의 비상입법기구를 창설하려는 의도 확인

2. 형법상 내란죄의 구성요건인 '폭동'에 해당함

● 대통령과 피고인의 지시로 조지호, 김봉식이 경찰을 동원하여 국회 통제

● 대통령과 피고인은 계엄 해제요구 의결을 막기 위해 특전

사, 수방사를 동원하여 국회 출입 통제하고, 국회의원을 끌어내려고 시도

- 피고인은 여인형에게 주요 인사 14명에 대한 체포·구금 지시, 여인형은 방첩사를 통해 체포조 편성 및 운영
- 피고인의 지시로 정보사가 중앙선관위 장악, 방첩사와 특전사 병력이 선관위 출동, 문상호는 정보사 요원 36명으로 선관위 직원 체포 시도

●

윤석열 내란사태를 두고 야당과 국민은 검찰이 아닌 국수본, 즉 경찰이 수사를 주도하기를 원했다. 검사공화국에 대한 뿌리 깊은 반감 때문이다. 검찰총장 출신 대통령 윤석열. 윤석열의 후계자로 평가받던 한동훈도 검사였고 법무부장관을 거쳐 여당 대표가 되었다. 이런 식의 출세는 수두룩하다. 박근혜 정부의 총리였던 황교안역시 검사에서 법무부장관을 거쳐 당대표가 되었다. 오랜 정치경력을 자랑하는 홍준표 역시 문민개혁 당시 6공의 황태자 박철언 등과 충돌했던 '모래시계 검사' 아니던가. 국회의원, 여당 대표, 경남지사 그리고 박근혜 탄핵 국면에서 대통령 후보가 되었던 그는 현재 대구시장으로 정치생명을 이어가고 있다.

●

2019년 서초동 앞에서 벌어진 촛불집회는 당시의 정쟁을 뒤로하더라도 한국 민주주의 역사에서 독특한 사건이었다. 특정 국가기관의 개혁을 요구하는 시위가 벌어졌으니 말이다. 그리고 그토록검찰과 법치주의의 수호자임을 자처했던 윤석열은 검찰을 떠난 후현재까지 정반대의 길을 걷고 있다. 집권 당시에는 행정명령을 통해 법률을 무시하기 일쑤였고 내란이 실패하자 여론전을 펼치며 정상적인 법절차를 맹비난했다. 헌법재판소도 틀렸고 사법부도 틀렸고 공수처와 국수본 그리고 검찰의 법률 집행 또한 잘못되었다. 윤석열은 자신을 지키기 위해 온갖 고소, 고발을 자행했으며 적법절차에 대해서는 초법적인 행위로 맞서고 있다. 체포된 이후에도 그는 매우 일관적이다. 수사에 협조하지 않고, 강제구인에 불응했으며 선택적으로 변론을 행하더니 헌법재판관 앞에서 김용현이나 변호사들과 대놓고 말을 맞추기도 했다.

한편 윤석열의 구속과 기소 과정에서 검찰은 자신의 의지를 드러냈다. 공수처보다 앞장서기도 했고, 공수처의 수사를 보완한다는 명목으로 구속을 연장하려고도 했다. 법원이 수사와 기소 분리의 원칙에 따라 구속영장을 기각하자 검찰은 심우정 총장 주도 하에 전국 검사장회의를 개최하는 등 집단적 움직임을 보였다. 결국 법원의 결정을 수용, 기소를 결정했음에도 검찰특수본은 구속기소 공지를 통해 법원을 비판했고, 대검찰청 역시 별도의 입장문을 발표하여 형사사법체계가 지닌 문제점을 지적했다. 법은 만인 앞에 공정한가. 아니, 대한민국 검찰은 공명정대하게 법을 수호하는 기관이 맞는가. 윤석열과 검찰을 향한 국민의 시선은 여전히 불안하다.

문재인 정권 이후 검찰 문제는 진보와 보수, 좌파와 우파의 싸움처럼 취급되고 있다. 조국사태, 윤석열과 한동훈의 극적인 성공 등으로 정쟁은 더욱 선명해졌다. 한국현대사에서 검찰을 둘러싼 갈등은 비교적 최근에 시작된 일이다. 1950년대 경찰의 기소권 남발을 막기 위해 검찰에게 기소독점권을 주었다는 사실은 일부 역사가들의 관심사일 뿐이다. 군사독재 시절 권력의 중추는 중앙정보부. 독재정권의 힘은 오늘날 국가정보원으로 불리는 중앙정보부를 통해 구체화되었다. 군대 내 정보기관인 보안사령부, 경찰 내 치안본부 같은 조직도 있었지만 이에 비할 바는 못 되었다. 5·16군사쿠데타 이후 김종필(육사 8기)은 "혁명 과업을 뒷받침하려면 무서운 존재가 필요하다. 나는 앞에 나서지 않고 중앙정보부장으로 일하려 한다"라면서 1961년 6월 중앙정보부를 조직, 초대 정보부장 자리에 올랐다. 하지만 이인자의 대두를 곱게 볼 일인자는 없다. 박정희는 주기적으로 중앙정보부장 자리를 갈아치웠다. 육사 8기 김종필과 육사 5기 김재춘의 갈등, 막가파 김형욱(육사 8기, 제4대 중앙정보부장)의 몰락과 꾀돌이 이후락(제6대 중앙정보부장)의 부상, 박정희의 최후 역시 정보부장 김재규(육사 2기, 제8대 중앙정보부장)에 의해서였다. 간혹 박종규, 차지철 같은 경호실장이 부상했지만 대체로 권력의 이인자는 정보부장이었다. 이들은 박정희에 대한 충성을 통해 국가 운영을 사유화했고 정보부의 막강함은 독재권력을 작동시킨 힘의 기원이었다. 김형욱은 과격하게 삼선개헌을 밀어붙여 박정희 영구집권의 길을 닦았다. 이후락은 비밀특사로 평양에 파견되어 남북한 최초의 합의서인 7·4남북공동성명에 서명할 수 있었다. 김재규는 박정희 암살사건을 구국의 혁명이라 칭했다. 대한민국은 자유민주주의 국가인데 박정희가 국가정체성을 부정했기 때문에 처단할 수밖에 없었다는 그의 주장은 당시 중앙정보부장의 위상을 생각한다면 가능한 발상이리라.

●

유신체제의 몰락과 함께 군대 내 정보기관 보안사령부가 떠올랐다. 보안사령관 전두환. 그는 김재규사건에 관한 합동수사본부장을 겸임하면서 군과 경찰의 정보를 독점하였고 이후 어떤 법률적 근거도 없는 중앙정보부장 서리직을 만들어 정보부서 전체를 휘하에 두었다. 전두환 정권이 들어선 이후 중앙정보부는 안전기획부로 이름이 바뀌었고 대통령 전두환은 다시금 안기부에 의지해 권력을 지탱했다. 그렇게 여전히 주인공은 검찰이 아닌 정보부서였다.

변화의 시작은 1987년 6월민주항쟁. 한국 현대사의 모든 분기점은 결국 1987년 이후이다. 이 강력한 민주화의 흐름은 모든 분야에서의 변화를 추동하였다. 우리의 통상적인 기억은 항쟁의 성공, 개헌과 대통령선거, 양 김의 분열, 노태우 정권의 등장으로 이어진다. 이는 지극히 편협한 생각이다. 매번 세상의 모든 것을 정쟁으로 바라보는 세계관. 소위 일제가 '당파성론'을 제기하며 조선을 정체된 역사로 폄하했음에 분노하면서도 우리는 종종 역사를 정치로, 정치를 당쟁으로 귀결시키는 우를 범한다.

민주화 이후의 국민적 요구는 두 방향에서 구체적이었다. 첫째, 전두환 정권이 저지른 각종 인권유린에 대해 진상규명과 책임자 처벌을 실시하라. 둘째, 5공화국이 자행한 각종 부정부패 문제를 해결하라. 박종철 고문치사사건, 부천서 성고문사건. 6월항쟁의 절정은 대학생들의 억울한 고통과 죽음에 의해 촉발되었다. 그리고 그 저변에는 5·18민주화운동이 있었다. 광주학살의 진실을 밝히고 가해자를 처벌하라!

한편 '5공비리' 또한 세상을 뒤흔들었다. 권력자의 부정부패 문제는 4·19혁명 이래 국민들의 주요 관심사였다. 1982년 장영자 사기사건. 어떻게 장영자라는 여성이 갑자기 나타나서 1년 남짓한 기간에 주요 기업들로부터 수천억 원의 자금을 받아 지하 세계의 재벌이 될 수 있었을까? 중앙정보부 차장을 역임한 남편을 두었기 때문에, 전두환의 아내였던 이순자와의 친척 관계 때문에 가능하지 않았을까. 전두환은 성역 없는 수사를 공언했고 검찰은 수위를 조절했다. 수사 초기에는 '외환 관리법 위반 혐의'만을 주장했으나 사건이 일파만파로 커지자 검찰은 수시로 입장을 바꾸었다. 수사 결과 약 460억 원의 자금 유용을 밝혀내지 못했는데 언론은 이를 정치자금으로 쓰였다고 추정했다. 검찰은 언론의 의혹을 일체 부인했다. 어디 이 사건뿐인가. 명성그룹 1천억 횡령, 범양그룹 1조 부채, 전두환의 동생 전경환의 새마을운동중앙본부 부정비리, 장세동이 주도한 일해재단의 증권조작설 등등 의혹은 차고 넘쳤고 검찰의 수사는 무엇 하나 똑 부러지는 것이 없었다.

•

그러더니 희대의 촌극이 벌어졌다. "성공한 쿠데타는 처벌할 수 없다." 1995년 5·18 문제에 대한 검찰의 불기소 처분. 문민정부에 대한 기대감이 고조되는 가운데 5·18민주화운동에 관련하여 70여 건의 고소고발장이 접수되었다. 그런데 검찰은 200페이지가 넘는 보고서를 통해 기묘한 결론에 도달한다. 첫째, 12·12군사반란의 불법성은 인정한다. 하지만 성공한 쿠데타이기 때문에 처벌할 수 없다. 둘째, 5·18민주화운동 당시 민간인의 피해와 희생은 인정한다. 하지만 대검 사용, 헬기 사격 등은 입증할 수 없고 시민들의 책임도 일부 있기 때문에 역시 처벌할 수 없다. 보고서는 매우 구체적이었다.

　"전남대 앞에 상당수의 학생들이 모이게 됨으로써 시위를 시작할 수 있는 구심점을 갖게 된 데다가… 방호장비가 없이 군복만을 입은 채 시위 진압을 병행하여 주모자 등을 체포해야 하는 상황에서 동료 부대원들이 시위대의 투석으로 부상을 입자, 강력한 공격적 진압과 체포를 위주로 작전하면서, 남녀노소나 시위 가담 여부를 가리지 않고 무차별적으로 가격… 차량 시위대가 형성되어 공수부대에 차량 돌진 공격을 감행하고, 공수부대는 돌진 차량을 저지한다는 이유로 발포를 함에 따라 다시 시위대도 무장 저항을 하게 되는 극한 상황"에 이르렀다. 따라서 군인들이 잘못은 했지만 시민들이 군인들을 자극한 책임도 있다. 더구나 책임 소재를 규명하는 데 모호함이 있으므로 고소고발을 받아들일 수 없다.

무엇보다 "그 진압이 새 정권을 창출해나가는 과정에서 사전 계획되거나 의도되어 추진된 사건이나 조치로 보기는 어렵다." 따라서 5·18민주화운동은 12·12군사반란이나 이후 등장한 5공화국과 연속적 차원에서 해석될 수도 없으니 역시 처벌할 수 없다. 더불어 "정변의 주도 세력이 새로운 정권 창출에 성공하여 국민의 정치적 심판을 받아 새로운 헌정질서를 수립해나간 경우에는, 새로운 정권이 출범한 현실을 인정하고… 무너진 구헌정질서에 근거하여 새로운 정권과 헌법질서의 창출을 위한 행위들의 법적 효력을 다투거나 법적 책임을 물을 수" 없다. 이미 성공한 쿠데타를 뒤늦게 처벌할 수 없다는 것이 검찰의 논리였다.

검찰은 온갖 법리적 수단을 동원하여 강렬한 민주적 요구의 반대편에 섰다. 법을 동원하여 사건과 사실을 부정하고 처벌을 거부함으로써 역사적 요구를 외면한 것이다. 소위 법리라는 것이 이토록 오용하기 쉬운가. 고작 몇 줄의 글을 통해 사실관계를 뒤집을 수 있고, 그러한 법적 해석이 불기소 처분을 통해 기득권을 지키는 데 사용된다면 법을 통한 정의 구현은 사실상 불가능하다. 이 보고서를 작성한 검사 장윤석은 이후 국민의힘의 전신인 한나라당과 새누리당에서 18, 19대 국회의원을 지낸다.

●

그런데 얼마 후 더욱 놀라운 일이 벌어진다. 1995년 10월 19일 민주당의 박계동 의원은 신한은행 서소문지점에 (주)우일양행 명의로 입금된 128억 2700만 원의 예금조회표를 국회 본회의에서 공개, 이 돈이 노태우의 비자금이라고 주장했다. 소문으로만 떠돌던 전직 대통령의 비자금 계좌가 등장한 것이다. 김영삼 대통령은 성역 없는 수사를 지시했고 사건은 점점 커져갔다. 노태우는 눈물을 흘리며 사죄했지만 곧장 구속되었고 재벌들이 줄줄이 소환되는 가운데 칼날은 전두환으로 옮겨갔다. 1995년 12월 12일. 김영삼은 '역사바로세우기'를 천명하며 12·12군사반란과 5·18민주화운동에 대한 수사를 지시하였다. 당시 야당이 요구하던 특별검사제는 받아들여지지 않았다. 주도권은 대통령에게, 대통령의 힘은 행정기관인 검찰을 통해 행사되어야 한다. 불과 몇 달 전 기묘한 말의 탑을 쌓아 "잘못은 있으나 처벌할 수 없다"고 주장한 검찰이 이제 대통령의 명을 받들어 역사를 바로 세우는 일에 앞장서게 된 것이다. 도대체 검찰이란 무엇인가. 검찰은 권력의 주구인가, 주구일 수밖에 없는가, 주구여야만 하는가. 김영삼은 집권 초 정보기관의 개혁을 공언하며 대통령과 정보기관의 유착 관행을 바꾸어나갔고 뒤를 이은 김대중·노무현 역시 같은 입장이었다. 정보기관의 위상이 급격히 낮아지는 가운데 이제 검찰이 주목받기 시작했다.

●

김기춘. 검찰에 대한 고민은 검사 출신 정치인 김기춘의 일생을 추적할 때 보다 명료해진다. 김기춘의 마지막은 박근혜 정권이었다. 그는 '좌파의 문화권력'에 주목하였고 블랙리스트 집행을 통해 우파 중심의 문화지형을 만들고자 하였다. 문성근, 명계남, 이창동, 김제동 등등. 문제 있는 인물이 어디 한둘인가? "일전불사의 각오로", "조용히, 단호하게 정리"를 해야만 정권의 토대를 굳건히 할 수 있다. 2013년 청와대 비서실장이 된 그는 문화예술계 블랙리스트 사업을 정력적으로 추진하였다.

이에 앞서 2006년 한나라당 소속 국회의원 김기춘은 노무현 탄핵에 앞장섰다. "노무현 대통령은 싸이코", 그가 했던 유명한 발언이다. "불법적인 돼지저금통과 각종 허위폭로, 허위고발을 남발해 탄생한 정권." "쿠데타와 마찬가지로 국민적 정통성에 하자가 있는 정권." 국회 법사위원장 김기춘은 탄핵을 주도하였고 탄핵심판 소추위에서 검사 역할을 맡아 노무현 정권을 끝장내고자 했다. 이전에는 무엇을 했을까? 1988년부터 1992년까지 노태우 정권에서 김기춘은 검찰총장과 법무부장관이 되어 공안정국을 주도하였다. "검찰은 국가 공권력의 상징이며 국가 기강의 유지에 등뼈와 같은 중요한 조직입니다. … 좌익을 척결하고 자유민주주의체제를 수호하는 데 선봉장이 되어왔으며… 국민적 신뢰를 받고 있다고 자부합니다." 그에게 재야와 운동권은 민주화세력이 아닌 제거되고 박멸되어야 할 빨갱이들에 불과했다.

다시 그 이전에는 무엇을 했을까? 그는 신직수의 후계자였다. 신직수는 박정희가 제5보병사단을 이끌 때 사단 법무참모였고 이 인연을 계기로 국가재건최고회의 의장 법률고문, 서울지검 검사, 헌법심의특별위원회 위원, 중앙정보부 차장, 검찰총장, 법무부장관, 중앙정보부장 등을 역임했던 박정희 시대의 총아였다. 그가 아꼈던 후배 검사가 김기춘이다. 서울법대 출신, 5·16 장학생 출신의 김기춘은 30대 초반 신직수의 후원하에『유신헌법 해설서』를 쓰며 역사에 등장한다. 서구식 민주주의를 무작정 도입하면 사회 갈등이 심각해진다. 따라서 한국적 민주주의를 추구하는 유신체제가 합리적이다. 김기춘은 한국판 총통의 영구집권을 법리적으로 완성하였다. 김기춘의 세계관은 한국의 보수세력, 황교안 등에게서 볼수 있었던 '검사 세계관'의 원형이었다. 이들의 법학 지식은 권력을 뒷받침하는 데 있다. 유신체제에서는 그에 맞는 논리를, 민주정부에서는 그에 맞는 논리를, 그리고 노무현의 등장 같은 시대변화에 대해서는 처절한 법리적 저항을!

김기춘은 두 팔로 민주공화국을 지탱한 적이 없다. 그에게 한쪽 팔이 법이라면 다른 쪽 팔은 출세였다. 한쪽 팔이 법을 지탱할 때 다른 쪽 팔은 슬그머니 엉뚱한 짓을 한다. 노태우에서 김영삼으로, 다시 이회창으로 권력이 옮겨감에 따라 김기춘은 앞장서서 배를 갈아탔고 부산 초원복국집에서는 "우리가 남이가"라면서 적극적인 관권선거를 추동했다. 지독히 영민한 처세 덕분에 그는 평생에 걸쳐 출세를 거듭했다. 그가 어려웠던 때는 전두환 정권기 법무연수원 시절뿐. 고위 관료와 국회의원, 둘 다 아닐 때는 대학 교수나 공공기관 이사장 자리를 꿰찼다. 적당히 법을 다루고 정권의 요구에 부응하는 자의 인생은 이토록 꽃길만 걷는 것인가. 김기춘부터 한동훈까지, '성공한 검사의 인생'이 현재도 반복되고 있다.

●

야권이 추진하는 적극적인 검찰개혁의 근간에는 2003년 노무현 대통령 시절 전국 검사들과의 대화가 있다. 공개 토론을 통해 검찰개혁의 당위성을 확보하고 국민의 지지를 모으고자 했던 대통령의 시도는 시작부터 뒤틀렸다. 엘리트 검사들은 고졸 출신 대통령에게 대학 학번을 물었고, 대통령의 입에서 "이쯤 되면 막가자는 거지요?"라는 말이 나올 정도로 분위기가 격앙되었다. 대통령의 설득은 검사들에 의해 반복적으로 부정당했다. 오랫동안 검찰이 보여준 주구적 행태에 대한 문제의식을 정작 그들에게서는 찾아볼 수 없었다.

대통령이 이야기하는 새 시대에 맞는 개혁의 실상은 대통령과 근본 없는 법무부장관 강금실의 관권 개입에 불과하다는 것이 검사들의 주장이었다. 보수건 진보건, 노태우건 김대중이건 위정자들의 개혁 시도는 검찰을 뒤흔들고 법치주의를 무너뜨리는 월권 행위라는 것이 이들의 명분이었고 집단의 입장이었다. 생중계된 대통령과 검사들의 격의 없는 대화는 대통령의 완벽한 패배였다. 노무현의 인기는 다시 한번 나락으로 떨어졌고 이로써 검찰개혁의 명분 또한 사라지고 말았다. 얼마 후 이명박 정권이 들어서자 검사들은 '논두렁 시계'를 운운하며 노무현을 절벽으로 내몰았다. 이때부터 전통적인 야권 지지자들의 분노가 촉발되었다. 최강욱은

"검사놈들"이라 말하는 데 주저함이 없고, 김갑수가 검찰을 "장악의 대상"이라고 선언하는 데는 검찰권력의 모순적인 역사와 더불어 가슴 아픈 원한이 자리잡고 있다. 더구나 조국사태의 혼란이 뒤엉키면서 검찰개혁은 뜨거운 화두가 되었다.

●

다시 정권이 바뀌면 이 문제가 해결될까? 이해찬의 말처럼 20년 민주당 집권이 이어지면 검찰 문제가 사라질까? 법무부장관 조국의 개혁안, 검찰의 직접수사권을 축소하고 조사 과정에서 피의자의 인권 보호를 보장하는 방안이 저항 없이 관철되었다면, 그러한 제도적 변화로 이 문제가 해결되었을까? 오랫동안 추미애는 윤석열 이야기가 나오면 이를 갈았고, 최강욱과 한동훈의 감정 어린 갈등은 반복되기만 했다. 이 감정은 득일까, 실일까.

　일본의 경우 법조계 인사들이 정치를 하는 경우가 드물다. 미국의 경우 법은 민주주의를 구현하는 수단이다. 우리나라처럼 법이 관운이 되고, 검사가 권력자가 되어서 정치와 법이 한통속이 되지 않는다는 말이다. 일본이 구조적이라면 미국은 문화적이다. 이번 윤석열의 구속을 두고 법원과 검찰과 공수처는 각자의 역할을 준수했다. 의미심장한 일이 일어난 것이다. 흥분하면 될 일도 되지 않는 법. 어떻게든 마음을 억누르고 검찰이 검찰로 기능하는 정상 국가를 향한 이성적이며 구조적인 노력이 계속되어야 할 것이다.

6.

[      사법부      ]

국가권력에 반항하는 피고인들의 행위에 저항하여 광주에서 시위가 발생하자 병력을 동원하여 이를 제압하는 방법으로 국가권력에 반항하였다.

- 〈서울지방법원 제30형사부〉 1심 판결문 중


시위대들이 광주를 비롯한 인근 지역의 경찰서, 지, 파출소 등에서 총기와 실탄을 확보하여 무장 저항을 시작하자, 공수부대원들이 전남도청 일대에서 이들과 총격전을 벌였다. 원래 민주주의국가의 국민은 주권자로서 또 헌법제정권력으로서 헌법을 제정하고 헌법을 수호하는 가장 중요한 소임을 갖는 것이므로 이러한 국민이 개인으로서의 지위를 넘어 집단이나 집단유사의 결집을 이루어 헌법을 수호하는 역할을 일정한 시점에서 담당할 경우에는 이러한 국민의 결집을 헌법기관에 준하여 보호하여야 할 것이다. 따라서 이러한 국민의 결정을 강압으로 분쇄한다면 그것은 헌법기관을 강압으로 분쇄한 것과 마찬가지로 국헌문란에 해당한다고 보지 않으면 안 된다.

- 〈서울고등법원96노1892〉 2심 판결문 중

5·18내란 행위자들이 1980. 5. 17. 24:00를 기하여 비상계엄을 전국으로 확대하는 등 헌법기관인 대통령, 국무위원들에 대하여 강압을 가하고 있는 상태에서, 이에 항의하기 위하여 일어난 광주시민들의 시위는 국헌을 문란하게 하는 내란 행위가 아니라 헌정질서를 수호하기 위한 정당한 행위였음에도 불구하고 이를 난폭하게 진압함으로써, 대통령과 국무위원들에 대하여 보다 강한 위협을 가하여 그들을 외포하게 하였다면, 그 시위진압 행위는 내란 행위자들이 헌법기관인 대통령과 국무위원들을 강압하여 그 권능행사를 불가능하게 한 것으로 보아야 하므로 국헌문란에 해당한다.

- 〈대법원96도3376〉 3심 판결문 중

2025년 1월 19일 밤 윤석열 구속영장이 발부되자 극렬 지지자들은 서울서부지방법원을 공격하였다. 2030 남성들을 중심으로 수십 명이 후문에 집결, 법원 내부까지 진입한 것이다. 이들은 막아서는 경찰을 폭행하는 데 주저함이 없었다. 경찰 방패를 빼앗아 공격용 무기로 삼았고 소화기로 유리창과 기물을 부수었다. 쇠파이프를 든 청년, 점퍼를 입고 마스크를 쓴 이들은 계획한 것처럼 7층으로 향했다. 보호창을 깨고 서버 뒷면에 꽂혀 있는 랜선 수십 개를 뽑거나 아예 물을 부어버리기도 했다. 닫힌 방문을 열고 서류 더미를 밀어젖히며 영장을 발부한 판사의 이름을 욕설과 섞어 불렀다. 스무 명 남짓 법원을 지키던 직원들이 곳곳에 숨어 공포의 밤을 보내는 동안 '투블럭남'은 방화를 시도했다. 다음 날 여권의 기자회견은 가관이었다. "민주노총 앞에서는 한없이 순한 양이었던 경찰이 시민들에게는 한없이 강경한 강약약강의 모습을 보이고 있습니다." 권영세 비대위원장의 말이었다. 권성동 원내대표는 경찰에게 폭력의 책임을 묻기도 했다. 이 어설픈 양비론이란, 더구나 그토록 오랜 기간 엄정한 법집행을 강조하며 수많은 생존권 투쟁을 매몰차게 대하던 수권 정당의 어불성설이란.

12월 3일부터 1월 19일까지, 탄핵만 의결하면 해결되겠지, 체포만 하면 상황이 안정되겠지. 안식을 향한 국민의 강렬한 소망은 폭도들에게 걷어차이고 말았다. 그리고 기묘한 상황이 이어지고 있다. 보수정당은 극우를 품에 안으며 여론조사에서 희망을 보았고, "JTBC 기자가 꾸민 짓이다"라는 등 극우 유투버들은 계속해서 가짜뉴스를 양산하며 한몫 챙기고 있다. 전광훈 목사에 복종하는 특임전도사들, 디시인사이드에서 폭동을 모의한 극우파들은 체포되었지만 헌법재판소, 문형배 소장대행의 집, 중국대사관에 대한 음모는 계속되고 있다. 내란은 입법부를 겨냥했고 폭도들은 사법부를 공격했다. 우리 역사에 언제 이런 일이 있었던가. 구속영장이 발급된 이후 시위대의 발길은 헌법재판소를 향했고 기소가 되었으니 조만간 법원 앞이 이들의 행렬로 들끓을 것이다. 어떻게 해야 폭풍우를 벗어나 새로운 항해를 시작할 수 있을까.

●

세뇌라도 당한 것일까. 극우파들은 "저항권이야, 저항권!", "4·19나 5·18이나 우리나!"라는 식의 주장을 반복하였다. 1월 18일 광화문집회에서 전광훈 목사가 "헌법 위에 또 하나의 권리인 국민저항권이 있다"라는 발언을 한 후 벌어진 일이다. 전광훈의 주장은 완전히 틀렸다. 애초에 이들의 주장은 맞은 적이 없다. 정권 초기부터 비상대권을 운운했지만 현행 헌법 어디에 대통령의 비상대권이 적시되어 있는가. 민주항쟁 이후 만들어진 현행 헌법에는 대통령의 비상대권은커녕 국회해산권조차 없다. 모두가 경험했듯 비상계엄조치 역시 국회의 동의를 받아야 한다. 대통령이 가진 최고의 권한은 헌법 제76조 1항에 규정된 '긴급재정경제명령권'인데 이는 1993년 금융실명제를 통해 위력을 보였다. 또 다른 독재를 용인하지 않겠다는, 수차례 독재정권과 군사쿠데타를 경험한 나라의 헌법다움이다.

현행 헌법에 국민저항권은 명시되어 있지 않다. 헌법 전문에 "4·19민주이념"의 계승을 표방했지만 전문은 헌법의 정체성을 설명할 따름이고 이것의 실효성에 대해서는 논란이 많다. 더구나 4·19민주이념을 계승은 장기독재에 저항했던 민주주의혁명의 가치를 따르겠다는 의미이다. 이것이 내란을 일으킨 이들이 대통령을 옹위하기 위해 불법과 폭력을 저지른 것과 무슨 상관이 있단 말인가.

저항권과 관련하여 유일한 판례는 김영삼 정권기 역사바로세우기 재판 판결문뿐이다. 세 차례에 걸쳐 판결문에서 신군부세력에 의한 헌법기관의 파괴에 관해 상술하고 있다. 신군부세력이 12·12군사반란을 통해 기존의 헌법기관을 무너뜨렸다. 이때 광주에서 시민공동체의 저항, 즉 5·18민주화운동이 일어났는데 이 또한 무력을 통해 진압하였다. 재판부는 이 시민공동체의 저항을 헌법기관이 무력화된 상황에서 형성된 준헌법적 기관으로 해석하였고, 신군부는 이 준헌법기관을 무너뜨림으로써 두 차례에 걸쳐 반헌법 행위를 한 것이라고 판결했다. 내란 행위의 주체가 신군부이고, 시민들은 그러한 신군부와 싸우며 헌법을 수호하려다 희생을 당했다는 말이다. 그런데 지금의 상황이 어떠한가? 내란의 주체가 윤석열이고 이를 처벌하는 과정에서 적법절차를 거쳐 사법부에서 구속영장이 나왔다. 비상계엄 해제, 탄핵안 통과, 내란죄 수사, 증거에 의한 체포와 구속, 사법부의 판결과 검찰의 기소. 이 모든 과정에 부당행위를 비롯한 불법적 요소가 단 하나라도 있었던가. 그럼에도 사법부를 쳐들어가 경찰을 공격하고, 기물을 파손한 행동. 이것이 폭동이며, 저항권이 아닌 내란 동조 폭력 행위이다.

●

이번 폭동을 주도한 이들의 목표는 무엇일까? 이들의 주장은 전혀 논리적이지 않다. 무엇보다 비전이 없다. 부정선거를 입증한다? 무엇을 위해? 민주당을 해체하고 윤석열을 종신 총통으로 만드는 것이 자유민주주의 이상과 무슨 관련을 맺는가. 이렇게 하면 중국이 몰락하고 한미동맹이 강화되는가? 말 그대로 선동에 불과하다.

현행 헌법은 저항권의 구체적인 실현이며 수십 년에 걸친 민주화운동의 소망을 담은 특별한 가치체계이다. 우선 헌법은 1조

2항에 "대한민국의 주권은 국민에게 있고, 모든 권력은 국민으로부터 나온다"라고 전제조건 없이 명문화하여 국민주권을 선포, 유신체제 때 시도되었던 주권 제한의 요소를 박탈하였다. 또한 국민의 기본권을 상세히 명시하고 있으며 동시에 국민경제의 균형과 조화를 꾀하고 있다. "국가는 균형 있는 국민경제의 성장 및 안정과 적정한 소득의 분배를 유지하고, 시장의 지배와 경제력의 남용을 방지하며, 경제주체 간의 조화를 통한 경제의 민주화를 위하여 경제에 관한 규제와 조정을 할 수 있다." 헌법 제119조 2항은 국가공동체의 경제민주화 관련 조항이다.

●

1987년 민주화 이전까지 대한민국은 국가폭력과 인권유린에 몸살을 앓았다. 민간인 학살, 용공 조작, 고문과 폭력 등 반인권적 행태는 역대 정권에 의해 끊임없이 자행되었다. 따라서 현행 헌법에 명시된 국민의 기본권 조항은 민주공화국을 일구기 위해 수십 년간 수많은 이가 피와 땀을 흘리며 노력해서 만들어낸 문장이다. 현행 헌법의 경제민주화 조항은 특권계급의 부상을 용인하지 않는데, 1940년대 독립운동의 마지막 단계부터 해방 초기까지 줄기차게 추구했던 '균등경제론'의 이상을 바탕으로 하고 있다. "제헌헌법 제

18조. 영리를 목적으로 하는 사기업에 있어서는 근로자는 법률의 정하는 바에 의하여 이익의 분배에 균점할 권리가 있다." 현행 헌법의 기초가 되는 제헌헌법은 이익균점권 등의 조항을 통해 이 부분을 명확히 했다. 대한민국은 단지 자유로운 개인들의 집합이 아니다. 오히려 유구한 역사를 자랑하는 문화민족이자 일제강점기 모진 고통을 감내해야만 했던 역사적 공동체이다. 따라서 민주주의, 경제성장 등 신생 공화국 대한민국의 성취는 공동체의 구성원 모두에게 고루고루 나뉘어야만 한다.

　제헌헌법의 초안을 작성한 국회의원 유진오는 국회 본회의장에서 "자유와 평등의 조화를 위한 국가 개입"이 경제민주화 조항의 요체라고 설명하였다. 민주공화국의 특성상 시간이 지나면 경제적 불평등이 심화되고 정치적 자유가 파괴될 것이기 때문에 이를 방지하기 위해 국가가 존재한다는 설명이다. 즉, 국가가 존립하는 이유는 자유와 평등 사이에서의 균형적 노력, 이를 통해 국민 모두가 자유와 평등을 실질적으로 향유할 수 있게 함이다. 헌법위원회 소속 지청천 의원은 민족사회주의를 천명, 정치와 경제의 동시적인 민주화를 추구하여 북한과 같은 독재주의는 물론이고 자본주의 문제도 제어하자고 주장하였다. 근대화는 이루었지만 민주주의에 실패하여 전쟁국가로 나아간 일본, 민주주의의 성공에도 불구하고 식민지 제국주의를 추구한 서구 자본주의의 한계. 이를 극복할 수 있는 대안적인 청사진을 마련해야 한다! 독립과 새로운 건국을 희구했던 독립운동가들 고뇌는 제헌헌법에 구체적으로 반영되었다.

●

모든 헌법은 완전하지 않다. 현행 헌법 또한 마찬가지이다. 이 또한 1987년의 시대적 산물에 불과하다. 현행 헌법은 노동3권을 보장하고 있을 뿐 제헌헌법 당시 꿈꾸었던 균등경제론, 이익균점권 등이 빠져 있다. 경제 관련 조항은 여전히 박정희 시대의 산물, 즉 국가가 경제를 이끌겠다는 낡은 발상만을 반복하고 있다. 1980년대만 하더라도 비정규직이라는 개념이 없었고 쌀 수입 등 농업 문제에 대한 관심이 높았다. 따라서 현행 헌법은 경제 보호의 대상으로 농민을 언급할지언정 비정규직이나 자영업자 같은 이들을 보호 대상으로 설정하지 않았다. 더구나 최근의 사회적 화두인 여성, 성소수자, 어린이, 장애인, 외국인 등에 대한 차별을 막을 조항은 제11조 1항, 제32조 1항과 4항 정도인데 원론적인 수준에 머물러 있다. 헌법 개정이 필요한 이유이다. 개헌은 대통령의 권한을 조정하는 것을 넘어 국민의 일상 전체를 고려해야 한다.

　12·3내란사태와 그 여파는 헌법을 향한 시야를 넓혔을까, 좁혔을까. 박근혜 탄핵 국면에서 헌법이 커다란 관심을 받았다. 하지만 이는 헌법에 대한 기초적 인식의 확대였을 뿐, 새로운 정권이 들

어서자 그 관심은 곧바로 사그라들었다. 윤석열의 구속 기소가 확정되고, 탄핵 재판이 진행되고 내란죄 재판이 시작되자 조기 대선 논의가 활발해지며 여야의 잠룡들이 꿈틀거리기 시작하였다. 박근혜 탄핵 때와 꼭 같은 모양새이다. 장기적인 전망, 항구적인 설계는 대통령의 통치 행위가 아닌 시대에 걸맞은 섬세한 헌법 설계에 달려 있음에도 불구하고 말이다.

●

1·19폭동은 기묘한 장면을 연출했다. 법치주의를 강조하며 사회 기강과 질서를 바로 세워야 한다는 주장은 이제 야권의 아젠다가 되었다. 그간 진보진영의 시위와 노동운동의 현장을 통제하던 경찰은 이제 언제든 폭도로 변할 수 있는 극우파의 위협에 맞서야 한다. 두 달 가까이 기존의 사회질서에 저항했던 윤석열의 모든 행동이 초래한 일이며, 여기에 여당, 보수파, 극우파가 합세한 결과다. 그리고 1·19폭동은 방향을 보다 명확하게 만들었다. 법을 통한 질서 확립. 사법부가 사태 해결의 주역으로 떠오른 것이다.

　지금 한국 현대사는 매우 중요한 지점에 들어섰다. 대한민국은 민주공화국이다. '민주'라 함은 국민주권을 의미하는데, 이 말의 진정한 의미는 지난 수십 일간의 노력을 통해 다시 한번 확인할 수 있었다. 그렇다면 '공화국'은 무엇을 의미하는가. 민주주의가 고대 그리스에서 시작되었다면 공화국은 고대 로마의 이상이었다. 권력을 나누어서 권력자의 횡포를 막는다! 이 발상은 근대의 계몽주의자 몽테스키외에 의해 삼권분립으로 발전하였다. 법을 만드는 자는 법을 집행할 수 없다. 법을 집행하는 자는 법을 만들 수 없다. 법으로 판결하는 자는 만들 수도 집행할 수도 없다. 입법부는 법을 만들 뿐이고, 행정부는 법을 집행할 뿐이고, 사법부는 판결을 할 뿐이다. 막스 베버가 이야기했듯 근대 이후의 사회는 폭력의 일원화, 즉 헌법과 법률에 종속된 관료그룹에 의해 사적 폭력을 제어하는 구조로 변화하였다. 그런데 이 일원화된 힘을 셋으로 나누어 권력자의 자의적인 행사를 막아내는 것. 그것이 공화국의 구성 원리이자 기본 요체이다.

대한민국은 대통령중심제 국가. 여전히 대통령의 권한이 막강한 나라이다. 우리 역사가 대통령을 그렇게 만들었다. 한국사 전체가 중앙집권적 관료제를 추구했다. 강력한 왕권에 의해 귀족의 발호를 막고 백성들의 애환을 달래주는 구조. 세종부터 정조까지 여전히 사람들은 조선의 국왕을 사랑하고 종종 대왕과 대통령을 구분하지 못한다. 더불어 개인 카리스마에 의존하여 관료와 경찰을 사유화한 이승만, 쿠데타와 헌법 개정을 반복하고 거대한 관료집단을 이끌어 20년을 통치한 박정희, 그리고 그들의 잔당들이 추구했던 한국적 대통령의 길. 한국 현대사는 한 인격에 권력이 집중되는 현상을 강화하고 또 강화했다. 하지만 민주화 이후 조금씩 달라졌다. 노태우가 대통령에 당선된 것이 오히려 호재가 되었다. 국민들은 야당에 표를 몰아주었고 그만큼 국회에서 정당정치가 활발해졌다. 1988년 13대 국회의 청문회 정국을 시작으로 지속적인 정권교체, 여기에 지방자치의 확대에 따른 지자체선거의 영향이 겹치면서 비로소 정치는 대통령의 손에서 조금씩 벗어나기 시작하였다. 그리고 노무현·박근혜·윤석열이 만들어낸 기적. 탄핵 정국이 사법부의 위상, 특히 헌법재판소의 지위를 격상시켰다.

●

헌법재판소는 헌법을 기준으로 법률을 포함한 여러 사회 문제를 판단하는 기관이다. 2공화국 당시 헌법재판소를 만들고자 했지만 계획만 있었을 뿐 쿠데타에 의해 실시될 수 없었다. 한참 뒤인 1988년 비로소 헌법재판소가 설치되었다.

　새로운 제도는 새로운 역사를 만든다. 헌법재판소는 판결을 통해 한국사회의 변화와 발전을 이끌었다. 그중 가장 인상적인 사건은 1997년 '동성동본 혼인금지 위헌 판결'이다. 17세기에 만들어진 '족보族譜'를 근거로 성과 본관을 나누고 이를 기준으로 성혼 여부를 판단한다? 수많은 사람에게 상처를 안긴 이 황당한 전통의 족

쇄가 헌법재판소의 판결을 통해 비로소 풀렸다. 신군부에 대한 처단 역시 마찬가지. 역사바로세우기 당시 신군부 측 변호인단은 공소시효 문제를 들고 나왔다. 이미 공소시효가 끝났기 때문에 관련 특별법에 문제가 있고 따라서 처벌이 불가하다는 논리였다. 이 문제를 해결한 것 역시 헌법재판소였다.

헌법재판소 판결의 사회적 영향력은 지대했다. 2004년 노무현 정부 당시 행정수도 이전 시도는 실패했고 2014년에는 통합진보당이 강제 해산되었다. 위헌 판결의 결과였다. 노무현은 헌재의 판결로 대통령직을 계속 수행할 수 있었고 박근혜는 파면되었다. 윤석열의 운명 또한 헌재의 판결로 결정될 것이다. 헌법의 권위, 헌법재판소의 판결은 민주공화국의 위상에 새로운 국면을 열었다. 대통령이 주도하던 시대에서 대통령과 국회가 경합하는 시대를 넘어, 대통령과 국회의 갈등을 사법부가 조절할 수 있는 시대로.

●

그렇다고 모든 걸 낙관할 수는 없다. 첫째, 헌법에 대한 국민적 인식이 매우 미약하다는 점에서. 둘째, 헌법재판소를 포함한 사법부의 판결과 판례가 여전히 보수적이라는 점에서. 셋째, 검찰개혁이 극도의 갈등 국면을 조장하고 있다는 점에서 말이다.

법을 통한 문제 해결의 전제는 법에 대한 국민적 인식과 깊은 관련을 맺는다. 냉정히 말해 한국사회에서 법은 여전히 '쟁송적 성격'이 강하다. 판결을 통해 승패를 가르려 한다는 것이다. 법관을 투표로 뽑자는 주장은 일견 타당하지만 자칫하면 사법부마저 정쟁의 장이 될 수 있다는 점에서 위험한 발상이다. 이번 내란사태가 어떻게 흘러왔는가. 윤석열과 변호인단, 극우파와 여당은 앞다투어 헌재에 시비를 걸지 않았던가.

판결의 권위는 분열을 막고 사회를 안정시킨다는 점에서 의미가 깊다. 친일 청산 시효 문제, 간통제 폐지 문제, 국회선진화법과 김영란법 실행 문제, 사법시험 폐지 문제 등 지난 시간 헌재의 판결로 새로운 사회질서 창출이 이어졌고 관련 담론 또한 활성화되었다. 문제는 사법부의 보수성이다. 이번 헌법재판관 임명에서도 뚜렷이 드러났다. 왜 최상목 권한대행은 유독 마은혁 판사의 임명을 거부했을까. 구실은 여야 합의였지만 실상은 그의 진보적 성향 때문일 것이다. 하루 이틀 된 관행이 아니다. 사법부는 오랜 기간 노동자보다는 사업자의 편을 들었다. 쌍용차노조에 대한 징벌적 손해배상 판결, 이건희·정몽구·김승연 등 재벌 총수에 대한 집행유예 판결. 이 사이에 공정함과 평등함이 존재하기나 할까. 노동자의 권리 보장에 관해서는 한없이 소극적이며 각박한 법원이 왜 재벌 회장들에 대해서는 이토록 적극적이며 관대한 것일까. 독재정권 시절 그 숱한 조작과 고문에 의한 인권유린 가운데 사법부가 책임 있게 굴었던 사건이 얼마나 있을까. 박근혜 정권 당시 양승태 대법원장의 사법농단 또한 기억해야 한다. 정권이 바뀌니 판결이 바뀐 사건. 1975년 인혁당사건의 피해자들은 2008년이 되어서야 무죄가 입증되었고 배상금을 받을 수 있었다. 하지만 3년 후 대법원은 이자를 다시 계산해보니 배상금이 초과 지급되었다면서 피해자들을 기만했다.

사법부를 통한 정의 구현은 이미 획득한 길이라기보다는 우리 모두의 노력을 통해 만들어내야 하는 길이다. 법은 너무나 오랜 기간 권력자들의 편이었다. 이번 내란사태는 법이 정상화되고, 사법부가 비로소 국민의 편이 되는 찬란한 미래의 서막일지도 모른다. 그렇게 만드는 것은 우리의 몫이다.

# 7.

[ **국회** ]

# [ 대통령 탄핵소추안 제안 설명 ]

노벨문학상 수상자인 한강 작가는 『소년이 온다』를 준비하던 중 1980년 5월 광주에서 희생된 젊은 야학 교사의 일기를 보고 "현재가 과거를 도울 수 있는가?", "산 자가 죽은 자를 구할 수 있는가?"라는 질문을 뒤집어야 한다는 걸 깨달았다고 합니다. "과거가 현재를 도울 수 있는가?", "죽은 자가 산 자를 구할 수 있는가?" 저는 이번 12·3비상계엄 내란사태를 겪으며, '과거가 현재를 도울 수 있는가?'라는 질문에 "그렇다"라고 답하고 싶습니다. 1980년 5월이 2024년 12월을 구했기 때문입니다. 2024년 12월 3일 23시, 계엄사령부는 「포고령 1호」를 발표했습니다. 포고령 1호의 내용은 다음과 같습니다.

자유대한민국 내부에 암약하고 있는 반국가세력의 대한민국 체제전복 위협으로부터 자유민주주의를 수호하고, 국민의 안전을 지키기 위해 2024년 12월 3일 23:00부로 대한민국 전역에 다음 사항을 포고합니다.

1. 국회와 지방의회, 정당의 활동과 정치적 결사, 집회, 시위 등 일

체의 정치활동을 금한다.

2. 자유민주주의체제를 부정하거나, 전복을 기도하는 일체의 행위를 금하고, 가짜뉴스, 여론조작, 허위선동을 금한다.

3. 모든 언론과 출판은 계엄사의 통제를 받는다.

4. 사회혼란을 조장하는 파업, 태업, 집회 행위를 금한다.

5. 전공의를 비롯하여 파업 중이거나 의료현장을 이탈한 모든 의료인은 48시간 내 본업에 복귀하여 충실히 근무하고 위반 시는 계엄법에 의해 처단한다.

6. 반국가세력 등 체제전복세력을 제외한 선량한 일반 국민들은 일상생활에 불편을 최소화할 수 있도록 조치한다.

이상의 포고령 위반자에 대해서는 대한민국 계엄법 제9조(계엄사령관 특별조치권)에 의하여 영장 없이 체포, 구금, 압수수색을 할 수 있으며, 계엄법 제14조(벌칙)에 의하여 처단한다.

이와 똑 닮은 포고령이 44년 전에도 있었습니다. 1980년 5월 17일 밤 계엄사령부는 포고령 10호를 통해 다음과 같은 일곱 가지 세부 조치를 발표했습니다.

가. 모든 정치활동을 중지하며 정치 목적의 옥내·외 집회 및 시위를 일체 금한다. 정치활동 목적이 아닌 옥내·외 집회는 신고를 하

여야 한다. 단 관혼상제와 의례적인 비정치적 순수 종교행사의 경우는 예외로 하되 정치적 발언은 일체 불허한다.

나. 언론·출판·보도 및 방송은 사전검열을 받아야 한다.

다. 각 대학(전문대학 포함)은 당분간 휴교 조치한다.

라. 정당한 이유 없는 직장 이탈이나 태업 및 파업 행위를 일체 금한다.

마. 유언비어의 날조 및 유포를 금한다. 유언비어가 아닐지라도 1)전·현직 국가원수를 모독, 비방하는 행위 2)북괴와 동일 주장 및 용어를 사용, 선동하는 행위 3)공공집회에서 목적 이외의 선동적 발언 및 질서를 문란시키는 행위는 일체 불허한다.

바. 국민의 일상생활과 정상적 경제활동의 자유는 보장한다.

사. 외국인의 출·입국과 국내여행 등 활동의 자유는 최대한 보장한다.

본 포고를 위반한 자는 영장 없이 체포, 구금, 수색하여 엄중 처단한다.


1980년 5월의 포고령과 2024년 12월의 포고령은 쌍둥이처럼 빼닮았습니다. (중략)

미국을 비롯한 전 세계 자유민주국가들이 대한민국의 헌정질서 파괴와 민주주의 위기에 대해 심각한 우려를 표명하고 있습니다. 탄핵안을 가결함으로써 대한민국의 헌정질서와 민주주의가 정상적으로 작동하고 있음을 전 세계에 보여주어야 합니다. 국민의힘 의원 여러분, 마지막 기회입니다. 역사의 문을 뛰쳐나가는 신의 옷자락을 붙잡으십시오.

헌법 제1조 1항, 대한민국은 민주공화국이다. 제1조 2항, 대한민국의 주권은 국민에게 있고, 모든 권력은 국민으로부터 나온다. 헌법 제46조 2항, 국회의원은 국가이익을 우선하여 양심에 따라 직무를 행한다. 민주공화국 대한민국의 일원으로서, 국민을 대표하는 국회의원으로서, 국가이익을 우선하여 양심에 따라 찬성표결해주십시오. 국가적 위기 앞에 당리당략을 앞세우는 것은 국민에 대한 반역이자, 헌법상 국회의원의 책무를 저버리는 행위입니다. 엄중한 시국에 절박한 심정으로 호소드립니다.

2024년 12월 7일 오후 5시가 조금 지난 시간, 더불어민주당 원내대표 박찬대는 퇴장한 의원들을 한 명씩 호명하였다. "계엄을 해제하기 위해서 함께해주신 국힘당의 열여덟 분의 의원님을 포함해서 국힘당 의원님들 돌아오십시오." 투표장의 문은 오랫동안 열려 있었고 여당 측에서는 안철수 의원만이 자리에 남아 있었다. 탄핵소추안 표결 진행 중에 김예지 의원이 돌아왔고 6시 50분 김상욱 의원이 돌아와 투표에 참여하였다. 극적인 상황은 여기까지. 비상계엄을 반대했던 친한계는 물론이고 여당의 젊은 피를 상징하던 김재섭 또한 표결에 참여하지 않았다. 재석의원 195명, 의결정족수 부족으로 부결. 200표를 넘어 탄핵을 가결하려면 일주일의 시간이 더 필요했다.

12월 13일 두 번째 표결을 앞두고 김상욱과 윤상현의 언쟁이 화제가 되었다. 다선 의원이고 박근혜를 '누나'라고 부르기도 했던, 얼마 전까지만 하더라도 국민의힘 개혁을 외치던 윤상현은 뜬금없이 윤석열을 향한 의리를 강조하며 과거로 회귀했다. 윤상현은 삼권분립과 국회의 책무를 강조하는 김상욱의 발언을 가로막았다. "탄핵을 해서 그 후과로 몇 개월 안에 대통령선거가 이뤄지면 우리가 이길 수 있을까", "윤석열의 주검 위에서 우리는 올바로 설 수 없어", "나는 적어도 민주당한테 정권을 빼앗기고 싶지 않아. 상욱아.

나는 정권을 빼앗기고 싶지 않아." 윤상현의 사고방식에는 권력이 전제되어 있다. 권력을 장악하는 것, 대통령과 행정부를 손에 넣는 것, 그것을 위해 국회와 정당이 존재한다는 확고한 믿음이 있던 것이다.

●

한국 현대사에서 오랫동안 국회는 대통령의 거수기에 불과했다. 일하는 대통령을 돕는 정당 그 이상도 이하도 아니었다. 국회의 위상이 바뀐 것은 1988년 13대 국회. 우리 역사 최초의 여소야대 정국이 만들어졌다. 김대중의 평화민주당이 70석, 김영삼의 통일민주당이 59석, 그리고 김종필의 신민주공화당이 35석. 셋을 합치면 여당의 125석을 압도하는 숫자였다. 새로 도입한 소선거구제의 힘이었고 지역주의 또한 큰 영향을 미쳤다. 외부적인 상황도 좋았다. 전두환 일가의 비리가 온 세상을 뒤흔들고 있었기 때문이다. 동생 전경환의 부정부패는 물론이고 '용산 마피아'로 알려진 형 전기환의 경찰 인사 개입, 아내 이순자의 새세대육영회 자금 문제 등등. 심지어 전두환은 부모님의 묘지를 13만 평으로 확장, 지역 구청에서 묘지를 관리하게 했다.

　국회의 역할은 무엇인가. 거수기를 넘어 민주화 시대에 걸맞은 국회가 되어야 한다. 야당뿐 아니라 여당도 적극적이었다. 국회법을 고치자! 1988년 5월 6일 여야 합의에 따라 국회법이 전면 개정되었다. 상임위원회 증설, 국정감사 및 국정조사권 부활, 청문회의 TV생중계 등은 국회의 위상을 영구적으로 뒤바꾸었다. 오늘날 해마다 열리는 국정감사, 때에 따라 실시되는 국정조사는 입법부가 행정부를 견제할 수 있는 구체적인 힘이 되었다. TV생중계 권한은 보다 극적으로 분출되었다. 방송을 통해 국회 활동이 중계되자 즉각적이고 폭발적인 반응이 쏟아져 나왔다. 5공비리청문회, 5·18광주청문회 등이 생중계되었고 시청률이 70~80퍼센트에 달했다. 전두환의 오른팔로 불리던 경호실장 장세동, 그 당시 재계 일인자였던 현대그룹회장 정주영, 5·18 당시 특전사령관이자 전두환 정권에서 육군참모총장, 내무부장관, 국방부장관 등을 역임했던 정호용 등이 청문회에 불려 나왔고 야당 국회의원들은 이들을 매섭게 몰아쳤다. 이인제, 이해찬, 그리고 초선 의원 노무현의 활약이 특히 두드러졌다. 2년간 지속된 청문회 정국의 경험은 이후 시스템이 되었다. TV생중계는 현재 국회방송으로 발전하였고 국회 간담회부터 지방의회 본회의까지 의원들의 주요 활동을 언제든 영상으로 확인할 수 있다.

하지만 근성은 쉽게 바꿀 수 없는 법. 당시 여당이었던 민정당 의원들은 제 식구 감싸기를 통해 스스로의 위상을 하찮게 만들었다. 청문회 정국이 본격화되자 여당은 정부의 의도에 맞추어 행동했다. 구인제는 받아들일 수 없다. 대통령 노태우가 거부권을 사용하자 여당은 구인제 대신 동행명령제를 제안하며 국회 합의를 이끌어냈다. 덕분에 전두환과 최규하는 국회 청문회 출석을 피할 수 있었다. "당시 북한의 동태가 심상치 않았다", "대학생들의 소요 사태로 사회가 위기에 처해 있었다", "양 김씨의 분열이 문제였다." 12·12군사반란과 광주학살에 대한 변명은 청문회에 끌려 나온 군인이나 정치가뿐 아니라 청문위원으로 참여했던 여당 의원들의 입에서도 반복되었다. 실제로 이들은 따로 모여서 말을 맞추었다. 국방부 주도로 511위원회를 비롯하여 여러 비밀조직이 만들어졌고 국회의원은 질의 방식을, 증인들은 답변 방식을 연습하고 입을 맞추었다. 이렇게 함으로써 여당은 국회의 권능을 스스로 무너뜨렸다.

이후 민정당은 어떻게 되었을까? 노태우는 김영삼을 끌어들여 거대 여당을 만드는 데 성공하였고 김영삼은 노태우의 지기 김윤환을 끌어들여 노태우를 내쫓았다. 민정당이 민자당을 거쳐 신한국당이 된 것이다. 이어서 이회창은 김영삼을, 이명박은 이회창을, 박근혜는 이명박을 내쫓았다. 한나라당, 새누리당 셀 수도 없을 만큼 자주 이름을 바꾸었고 심지어 당의 색깔도 푸른색에서 붉은색으로 바꾸었지만 결국은 대통령을 만드는 정당 이상도 이하도 아니었다. 더구나 몇 번의 인상적인 정치 실험은 조악하게 끝나고 말았다. 박근혜 탄핵 국면에서는 대안 보수세력을 자처하며 김무성, 유승민, 장제원 등이 바른정당을 만들었지만 얼마 못 가 친정으로 돌아가고 말았다. 젊은 정치인 이준석의 개혁신당은 윤석열 탄핵 정국에도 지지율 반등은커녕 내부 갈등으로 시간을 허비하고 있다.

무엇보다 현재의 여당은 박근혜 탄핵 국면 때와 전혀 다른 모습이다. 국회 의결 과정도 불법, 공수처 수사도 불법, 사법부 체포영장도 불법, 경찰의 영장 집행도 불법. 모든 것을 불법이라 칭한 끝에 극우 유튜버들에게 좌지우지되고 있다. 보수정당의 미래는 극우정당인 것일까? 권영세는 극우 유튜버들에게 명절 선물을 보내고 윤상현은 서부지법 앞에서 훈방 조치를 운운하며 폭동을 자극했으니 말이다.

●

대통령에게 기생했던 정당의 예정된 말로일까? 따져보면 대통령들만 기억에 남을 뿐 자유당부터 국민의힘까지 전통적인 보수여당은 무엇인가를 상징했던 적이 없다. 오해는 말자. 이승만의 어용정당이었던 자유당은 4·19혁명을 통해 완전히 해체되었고 박정희의 공화당은 군인과 관료 중심의 새로운 정당이었다. 전두환의 민정당역시 공화당과 뚜렷이 분리되는 과정을 거쳤다. 그럼에도 비슷한흐름이 반복된 것은 사실이다. 이기붕이 이승만의 집사였듯, 박정희의 한마디에 김종필이 외유를 떠났듯, 신군부가 민정당을 만들었듯, 문민개혁에서 오직 김영삼만이 빛났듯 이 유구한 보수정당의 역사 속에 정당이 정당으로, 입법부의 한 축으로 무슨 역할을 했는지를 인식하기란 참으로 어렵다. 쉬운 정치를 했기 때문이다.

1997년 말 외환위기는 김영삼만의 잘못이 되었고 박정희 신드롬을 등에 업은 여당은 유유히 혼란의 장을 벗어났다. "나라를팔아도 찍는다"는 콘크리트 지지층 때문일까? 여당은 매번 쉽사리난국에서 벗어났다. 북한의 휴전선 공격을 유도했던 총풍사건 때도, 수백억의 정치자금을 트럭에 실어 날랐던 차떼기사건 때도, 노무현 탄핵 역풍 때도 그들은 어려움을 오래 겪지 않았다. "야당도똑같지 않은가." 양비론은 언제나 주효했고, 천막 당사 같은 이벤트는 쉽게 효과가 났다. 반공주의 때문일까? 햇볕정책을 핵개발과퍼주기로, 진보진영을 종북좌파로 모는 이념 선동은 항상 성공적이었다. 말을 바꾼다고 해서 문제가 되지 않았고 홍준표의 반값 아파트나 막말 논란 또한 지켜지건 말건, 논란이 되건 말건 시간이 지나면 다 덮었다.

그래서일 것이다. 이명박 정권 이후 변화하는 여러 상황들, 햇볕정책의 효과, 미국에 대한 비판 의식, 민주화세력의 공고화, 새로운 세대의 정치 참여, 다양한 개혁의 요구 등등을 여당은 심각하게 여기지 않았고 근본적인 변화를 도모하지 않았다. 그래서일까? 여당은 최순실의 전횡을 막지 못했고 문재인 정권의 검찰총장을 대선 후보로 영입했다. 윤석열. 그는 경제학자 프리드먼을 들먹이며 이명박 정권 초반에나 먹혔을 법한 경제개혁을 설파했고, 제주 4·3사건, 5·18민주화운동, 3·1절, 광복절 등 온갖 국가기념행사에 가서는 속 빈 '자유민주주의 만세'만 외쳤다. 이와 같은 경제 문제에 대한 몰이해와 역사의식 결여의 결과는 5년에서 2년 반으로 임기 단축. 윤석열 정권의 몰락은 국민의힘이 지닌 근본적인 한계 상황을 반영하고 있다. 이제 무엇이 남았을까? 영남의 지역주의? 정말 그렇다면 이들은 조선 후기 영남 남인들의 전철을 고스란히 밟을 것이다. 중앙 정계에서 소외되고, 뛰어난 학자도 관료도 배출하지 못하면서도 고집스럽게 쌓아올린 그들만의 배타적인 세계. 윤석열 문제는 수개월 내로 해결이 되겠지만 여당의 문제는 결코 그렇지 않을 것이다.

민주공화국의 적은 누구인가

야권의 상황은 다르다. 재야와 운동권, 386, 김대중 정당. 야권을 향한 무수한 조소와 비난은 노무현 정권 당시 극에 달했다. 열린우리당의 정치 실험이 보여준 무모함이 사정을 어렵게 만들기도 했다. 정권이 바뀌자마자 김대중 지우기를 시도했기 때문이다. 소위 동교동계를 몰아내고 386 중심의 새로운 정당을 만들려는 시도. 한화갑, 한광옥, 추미애. 여기에 김민석과 박지원도 더할 수 있을까? 수많은 사람이 야권을 떠났고 일부는 여권으로 넘어갔다. 이 해묵은 갈등은 최근까지도 이어졌으니 오늘날 더불어민주당이 내세우는 '김대중과 노무현의 시대'는 극렬한 정치 갈등의 봉합책이라 할 수 있다.

　　결국 야권의 역사는 노무현을 통해 새롭게 쓰였다. 20세기 말까지 한국의 민주주의는 양 김의 손을 벗어나지 못했다. 21세기가 되자 여권은 김영삼을 버리고 과거로 회귀했다. 이에 반해 야권은 세력이 교체되었음에도 김대중을 품었다. 햇볕정책은 평화번영정책으로, 신자유주의는 한미FTA로. 대부분의 정책은 노무현 시대를 통해 계승되었다. 그리고 2009년 5월 23일, 퇴임한 지 1년 3개월 만에 벌어진 노무현의 비극과 새로운 세대의 부상. 1990년대 서태지와 아이들에 열광하고 민주주의를 당연한 것으로 여기며 그만큼 비정치적으로 성장했던 이들은 30대가 되어서야, 노무현 대통령이 서거하고 나서야 뒤늦은 정치적 각성을 시작하였다. 부모들이 TV를 볼 때 라디오를 듣던 세대가 이제는 온라인과 SNS, 팟캐스트를 통해 자신들만의 진영을 구축하였으며 진정한 의미에서 세대 단절을 시도하였다. 1970년대 이래 김대중 정권까지 민주주의를 향한 열망은 매번 세력 부족이라는 한계를 겪었다면 오늘날 야권은 비로소 40대라는 든든한 지원군을 만나게 된 것이다.

●

흥미롭게도 야권의 오랜 정치적 열세는 이들의 입법적 역량을 강화시켰다. 헌법과 법률의 진정한 실천을 촉구하는 것으로 자신들의 정치적 정당성을 확보하려 했기 때문이다. 지난 수십 년간 독재정권에게 헌법과 법률은 허울에 불과했다. 미국이 만들어놓은 허울. 하지만 반공만 앞세운다면 그다지 간섭받지 않을 허울. 1970년 전태일이 부르짖었듯 박정희 정권은 근로기준법을 지킨 적이 없다. 권력을 잡으면 그에 맞추어 법을 바꾸면 그만일 뿐. 그렇게 만들어진 법조차 마음껏 어겨가며 이권을 취한 것이 독재자들이었다.

야권은 바로 이 지점에서 현실성을 획득해나갔다. "왜 검찰은 5·18을 불기소 처리하는가?" 야당의 조순형 의원은 김재규 재판 당시 사법부의 판례를 일일이 인용하며 검찰을 비판하였다. 김대중 정권의 진보적인 정책은 보수정권에 대한 저항적 성격이었다기보다는 대안적 성격이었다. 대통령 노무현은 전자정부 시스템을 만들어 통치기록을 체계적으로 정리, 일반에 공개했다. 박근혜 탄핵 당시의 질서정연한 투쟁, 심지어 길거리에 버려진 쓰레기를 자발적으로 줍고 경찰 버스에 꽃무늬 스티커를 붙이던, 결벽에 가까운 촛불혁명은 모두 합법 투쟁, '헌법과 법률의 진정한 실천'을 목표로 했기 때문에 가능한 것이었다.

그리고 문재인 정권. 정치사적으로 문재인 정권의 등장은 의미심장하다. 야권이 단독으로 권력을 잡을 수 있다는 사실이 입증되었기 때문이다. 3당 합당, DJP연대, 노무현·정몽준 연대, 문재인·안철수 연대 등 야권은 항상 부족한 세력을 메꾸기 위해 다양한 분파를 끌어들였으며 그만큼 정권의 목표는 흐릿해질 수밖에 없었다. 하지만 2017년 5월의 대통령선거에서 야권은 '안철수와 국민의당' 분당사태에도 불구하고 단독으로 정권을 차지할 수 있었다.

그리고 5년. 문재인 정권기는 MZ라고 불리는 새로운 세대에게 새로운 편견을 남겼고 '20년 집권'을 호언했던 것과는 달리 너무나 쉽게 정권을 빼앗겼다.

무엇이 문제였을까? MZ의 철없음? 이준석의 농간? 조국사태에 대한 오해? 더불어 박원순의 죽음? 이런 식의 사고방식은 또 하나의 정치적 극단주의에 불과하다. "무슨 수를 써서라도 우리 편을 지켜야 한다", "관망만 하다가 노무현 대통령을 죽게 하지 않았는가", "이낙연과 이재명 중에서 누구를 선택할까", "내부의 수박들을 골라내야 한다." 정치적 사고에 매몰된 극렬 지지자들, 인신공양설·선거조작설 등 책임질 수 없는 음모론, 특정 채널에 대한 추종과 열광. 공교롭게도 이런 식의 사고방식은 극우파에게 수많은 정치적 아이디어를 제공하였다. 극과 극은 통한다는 식의 또 다른 양비론이라고? 그렇지 않다. 20세기 초반 유럽의 극우파 중 상당수는 극좌파에서 배출한 인물이었다. 어제까지의 문제는 반드시 앞으로의 문제가 된다.

또 무엇이 문제였을까? 개혁의 부재. 최저임금 1만 원은 지켜지지 않았고 인상률은 박근혜 정부 때보다도 후퇴했다. 사드 배치는 미국이 걸려 있기 때문에 그랬다고 치자. 4대강 사업 당시 건설된 보는 왜 해체되지 않았는가. 탈핵 시대를 선언했음에도 불구하고 왜 원전은 단 한 기도 멈춰 서지 않았는가. 왜 문재인 정권은 아무것도 안 하는가? 문재인 정권기 5년은 진보와 중도 양쪽에서 강력한 냉소주의를 길러냈다. 그렇다고 마음껏 비판할 수도 없었다.

극렬 지지자들의 공격과 자랑스러운 정권이라는 지지 담론, 막판
에 불어닥친 이재명 관련 스캔들 때문에 야권 내부의 적극적인 정
치 담론은 위축되기만 했다.

그리고 부동산. 이번에도 부동산이 문제였다. 왜 진보정권이
들어서면 집값이 폭등하는가. 집값을 잡겠다는 호언장담이 넘쳐났
지만 현실은 평생을 노력해도 언감생심인 10억, 20억! 가계부채 문
제, 쌓여가는 소외감. "부동산 빼고는 다 잘했다", "보수정권은 얼
마나 잘했을까." 누가 이런 말에 납득을 하겠는가.

386 문제도 있다. "안희정, 정봉주, 박원순 등 이들의 성인지
감수성은 왜 이 모양인가", "왜 미투 문제는 보수가 아닌 진보의 폭
탄이 되었는가", "386세대도 기득권 아닌가." 세대 갈등은 생각보
다 일상적이다. 매번 1980년대를 훈장 삼아 이야기하지만 보수언
론의 꼰대 부장들과 별다를 바 없는, 희생을 강요하면서도 승진의
정점은 자신들이 독차지하는 386. 불만은 현장에서 차오르고 있
다. 야권의 여론은 여전히 김어준과 유시민 사이를 오가지만 여권
의 지지율 40퍼센트가 정권을 차지하기에는 부족한 숫자이듯 야권
또한 그렇지 않은가. 더구나 야권의 목표는 개혁정치를 통한 사회
적 진보 아닌가. 왜 이중 잣대를 제시하느냐고? 부정부패를 자행한
측과 그것을 고치려고 등장한 세력에게 똑같은 기준이 적용될 수
는 없다. 왜 수많은 사람들이 야권을 지지해왔는가. 김대중 같은,
최소한 김영삼 같은 개혁정치와 사회변화를 기대하기 때문이다.

행동하는 양심, 사람 사는 세상, 인생은 아름답다. 이런 낭만적인 말들이 유독 야권 지지층 사이에서 공감과 지지를 얻는 이유를 살펴야 한다.

얼마 전 이재명은 실용주의를 천명했고 지난 총선 때 송영길, 최재성 등은 개발 공약을 통해 인천과 송파구의 민심을 잡으려 했다. 실용주의는 필요하고 보수세력에 대한 포섭도 실행해야 한다. 하지만 단지 그 정도에 머무를 때 그 결과가 어땠는지, 윤석열의 당선과 그가 지난 2년 반 동안 보인 행패가 무엇을 파괴했는지, 그리고 현재 전 국민이 겪는 고통이 얼마나 큰지를 생각한다면 야권은 주어진 기회를 결코 가볍게 여겨서는 안 될 것이다.

●

분명히 할 부분이 있다. 야권을 민주당과 등치시킬 필요는 없다는 점이다. 사회개혁과 정의를 향한 열망이 왜 특정 정당에 귀속되는가. 민중당, 민주노동당, 정의당, 백기완과 권영길에서 비롯된 노력은 멈추지 않았다. 노회찬과 심상정, 장혜영과 용혜인, 이들의 노력 또한 계속되었다. 더구나 진보정당은 매번 거대 양당 사이에서 놓쳐서는 안 될 것들을 부여잡았다. 페미니즘 정치는 계속 성장해야만 한다. NL과 PD 이후의 진보정치는 녹색당은 물론이고

MZ세대와 조우해야만 한다. 조국혁신당은 사회경제적 민주화를 당론으로 삼았고 신장식 의원은 주거권과 돌봄권을 강조하였다. 북유럽식 사회민주주의에서 포스트모던까지 대한민국은 더욱 뜨거워져야 한다. 내란사태는 진정한 민주주의와 법치주의의 달성을 가능케 하고 있다. 그다음은 무엇일까. 다음을 향한 제도정당의 당찬 발걸음이 필요하다.

# 8.

## [ 기독교 ]

# [   노벨문학상 수상 작가 한강에게 보내는 삼촌의 편지   ]

그동안에 멀리서 조카의 맨부커상 수상 소식을 들었지만, 노벨문학상 수상 소식을 듣자 나는 복잡한 감정에 빠졌다네. 솔직히 말해, 기쁨에 앞서 적잖은 충격과 놀라움과 걱정에 빠졌다네. 노벨상 수상으로 인하여 오히려 형님 집안이 하나님의 구원에서 더 멀어지지 않을까 하는 걱정과 조카의 작품에 대한 평가로 한국사회가 두 쪽으로 갈라질지도 모른다는 두려운 예감이 들었기 때문이라네. 20여 일이 지나는 동안 충격과 놀라움이 많이 사그라지고 마음이 정리되어 이제야 축하 편지를 보내네. 형님 집안과 아예 단절된 상태에서 조카의 전화번호나 주소를 전혀 몰라 불가피하게 공개편지를 보내게 되었네.

사실, 조카와 나의 단절도 예수 그리스도 신앙을 미워하고 배척하신 형님에게서 비롯되었음을 이 자리에서 밝히고 싶네. 지금부터 39년 전에 2년 동안 형님과 나는, 알코올중독에 빠져서 인생이 망가져 가는 셋째형님의 치유 방법을 놓고 두 해 동안 서로 첨예하게 갈등하였네. 그러다가 셋째형님은 돌아가셨고 그형님의 장례식 기간에 "예수 그리스도 이외에는 어떤 사람도, 어떠한 것(문학 포함)도 인간의 영혼을 구원할 수 없다"는 나의 주장에 분노하여 형님은 3일 동안 나를 가혹하게 핍박하셨네. (그 핍박이 어떤 것인지는 이 자리에서 말할 수 없네.) 형님은 "피를 뽑고 뼈를 갈듯이 글을 써서 너를 가르쳤는데, 어떻게 그런 말을 할 수 있느냐"면서 그 말을 취소하라고 요구하며 삼우제 날 새벽까지 나를 심문하셨다네.

문학을 목숨처럼 여기면서 작가 활동을 해오셨던 형님에게 "문학에는 구원이 없다"는 나의 말이 걷잡을 수 없는 분노를 일으켰던 것이네. 그때부터 형님과 나는 서로 다른 길을 걸어오게 되었네. (중략)

"그렇게 될 수밖에 없다"는 상황 윤리로 패륜적인 것이 정당화된다면, 근친상간 행위도, 수간(獸姦) 행위도, 심지어는 인육(人肉)을 먹는 범죄 행위도 얼마든지 시적이고 서정적인 문체로 미화시킬 수 있네. 그것은 타락의 극치네. 그런 작가는 인류공동체 속에서 살아가길 포기한 사람이라고 지탄받을 만하네. 그런 작가는 윤리적 타락의 선봉장이 되는 것이고 그 사회가 소돔·고모라와 같이 불 심판을 받게 되는 데 불쏘시개 역할을 할 수 있기 때문이네. (중략)

조카의 대표적인 작품들은 대부분 그 종결이 비극으로 끝나네. 작품을 읽는 내내 어둡고 답답하여 책을 덮어버리고 싶은 충동을 느낄 때가 한두 번이 아니었네. 카프카의 소설 『변신』도 그 정도는 아니었네. 내가 29살까지 빠져 있었던 그 짙은 어둠과 절망을 다시 접하는 것 같아서 화가 날 정도였다네. 그런대로 지성이 있고 분별력 있는 독자들은 억지로라도 작품이 주는 교훈을 얻을 수 있겠지만 청소년과 같이 분별력이 약한 독자들은 '인생이 다 그런가 보다' 하고 작품의 세계에 동화할 위험성이 있네. 더구나 노벨문학상 작가의 작품이라고 하니까 조금의 의문이나 비판도 없이 주인공의 인생을 당연한 것처럼 여길 수도 있네. 조카의 작품들은 독자들에게 허무와 절망을 심어주고 가끔 분노를 일으키게 하고 심지어 인생은 살 가치가 없는 것으로 여겨지게끔 만드는 힘이 있네. (후략)

●

한남동 대통령 관저에 야만적인 대통령 지지자들이 모여들기 시작했다. 공수처의 체포 실패 전후로 이 흐름은 더욱 강해졌다. 탤런트 최준용은 탄핵반대집회에 참여해서 "12월 3일 느닷없이 계엄령이 선포돼 깜짝 놀랐지만, 더 놀란 것은 몇 시간 만에 계엄이 끝났다는 것이다. 내심 좀 아쉬웠다"라고 했다. 민주공화국의 국민으로 태어나 공화국이 무너지는 모습을 계속 보고 싶었다고? 이보다 더한 망언은 없을 것이다. 하지만 그와 비슷한, 단지 감정의 높낮이만 다른 말들이 사방에서 계속되었다. "계엄 선포는 대통령의 합법적 통치 행위다." "부정선거의 진실을 밝히기 위한 구국의 결단이었다." "탄핵 가결 원천 무효." "경호처는 불법을 저지르는 경찰과 공수처에 발포하라! 내란 범죄자들을 사살하라!" 그중 가장 눈에 띄는 인물은 사랑제일교회 담임목사 전광훈. 대한예수교장로회 교단 중 하나인 백석대신의 교단장을 역임했고 한국기독교총연합회 회장을 연임하기도 했던 그는 내란 행위를 거룩한 시도라며 축성했다. 나라를 지키기 위한 구국의 행동을 넘어 하나님이 허락한 성스러운 행위라는 주장인데, 여기에 장로회신학교 신약학 교수 김철홍도 동참했다. 2025년 1월 6일, 이들은 부정선거가 있었다며 영어 플래카드까지 만들고 외신 기자회견을 열었다. "윤석열 대통령을 제거하기 위하여 특별히 지금 북한이 대한민국의 선거를 주도하여, 여기는 중국도 같이 참여한 것입니다"라고 말하며, 이러한 사실을 대통령에게 설명했더니 "대통령의 반응이 '내가 다 알고 있다' 이렇게 반응을 했습니다"라고 주장했다. 또한 대한민국이 부정 선거로 인해 공산화될 위험에 처했음을 미국에 알리기 위해 "트럼 프 대통령하고 10분 동안 면담할 계획을 가지고 있습니다"라고도 했다. 하지만 부정선거에 관해서는 "정황 증거는 많이 갖고 있지만 아직 결정적인 실체적 증거는 갖고 있지 않습니다"라고 실토했다. 증거는 없지만 부정선거가 분명하다는 감정적 확신이었다.

●

기독교, 정확히 말해 한국 개신교는 내란 상황에 가장 동요하지 않은 집단이다. 12월 3일 이후 온 국민이 스트레스를 받고 있다. 제2의 계엄이 일어날까 봐 잠을 못 자는 사람들, 윤석열 체포 속보를 기다리며 계속 핸드폰을 들여다보는 사람들. 이런 현상은 구속과 기소 당시에도 반복되었다. 한 달이 지났고 새해가 밝았지만 누구도 크리스마스를 평소처럼 누리지 못했고 아무도 푸른 뱀의 해에 대한 기대를 섣불리 말하지 못하는 고통스러운 시간들. 하지만 마치 아무 일도 없었다는 듯 매주 일요일 교회의 일상은 똑같다. 그들은 평소와 같이 예배를 드리고, 목사는 평소와 같이 설교단에 올라 추상적이며 관념적인 언어를 나열한다. 그리고 중간 중간에 극우 반공적인 이야기를 스스럼없이 한다.

언더우드 선교사가 세운 우리나라 최초의 장로교회인 새문안교회에서는 매주 장로들이 대표 기도를 한다. 복음의 북진통일을 선포하고, 동성결혼을 반대하며, 무정부상태에 빠진 나라를 구원해달라는 기도. 세계 최대 교인 수를 자랑하는 여의도순복음교회 이영훈 목사도 그랬다. 2024년 12월 16일 '국가 안정과 국민 대통합을 위한 총동원 특별새벽기도회'에서 그는 "우리나라는 정치적으로 성숙하지 못하고, 민주적으로 뿌리를 깊이 내리지 못해서 걸핏하면 탄핵하고 또 탄핵을 해서 세 번째 탄핵이 됐다"라고 주장했다. 해를 넘겨 1월 6일에는 "우리나라에 종북좌파들이 날뛰고 있다"며 "부모가 모았던 부의 대부분을 상속세가 다 가져간다", "집값이 저절로 올랐는데 집 팔 때 세금 내라고 한다", "없는 사람들은 잘하는 것이라고 하지만, 가진 사람은 있는 걸 다 뺏기는 것 같다"는 말까지 했다.

이런 식의 설교는 한국 기독교의 일상이다. 이들은 정치적 중립을 표방하면서도 매번 우익적, 보수적 입장에서 사태를 관망하고 성도들의 사고를 은근히 혹은 노골적으로 유도한다. 지금 우리나라가 '무정부상태'인가? 만약 무정부상태라면 누가 이 사단을 일으켰는가? '걸핏하면' 탄핵을 한다? 그 걸핏하면의 첫 번째가 국민의힘 전신인 한나라당이었다. 더구나 국정농단, 내란 시도 등은 당연히 탄핵의 대상 아닌가? 탄핵은 헌법으로 정한 가장 합리적이며 비폭력적인 문제 해결 과정이다. 세 번의 위기를 평화적으로 극복했다는 것은 그만큼 한국의 정치와 민주주의가 성숙했다는 말이기도 하다. 더불어 이영훈의 설교는 가진 자들, 기득권세력의 입장을 반영하고 있는데 성서의 예수는 가난한 자들의 편에서 부자를 비판하지 않았는가.

●

2024년 10월 27일 한국 개신교는 광화문에서 '한국교회 200만 연합예배'를 열었다. 이날 행사에는 경찰 추산 23만 명의 교인이 참여했는데 대형 교회의 교인들이 총동원된 분위기였다. 집회의 목표는 '동성결혼 반대'였다. 시국과는 동떨어진 주제. 주도한 인물들의 면면은 한국교회의 현재와 밀접한 관련이 있다. 오정현 목사의 사랑의교회는 예술의전당 인근에 3000억 원을 들여 화려한 건물을 지었다. 외관의 호화스러움 때문에 많은 비판을 받았는데, 알고 보니 지하예배당이 인근 공용도로를 위법 점유하는 등 건축법을 위반했다. 2019년 지하예배당 철거가 대법원에서 확정되었지만 교회는 현재까지 응하지 않고 있다. 같은 해 조은희 서초구청장이 교회 헌당식에 참여해 "이제 서초구청이 할 일은 영원히 이 성전이 예수님의 사랑을 열방에 널리 널리 퍼지게 하도록 점용허가를 계속 해드리는 것입니다"라고 말해 논란을 빚기도 했다.

명성교회 원로 목사 김삼환은 대한예수교장로회 통합교단이 2013년 제정한 교회세습방지법(교단 헌법 제28조 제6항)을 위반하고 아들 김하나 목사에게 교회를 세습했다. 금란교회 김정민 목사는 아버지 김홍도 목사의 교회를 물려받았는데 김홍도는 MBC 〈PD수첩〉이 이단사이비가 아닌 정식 교단 소속 목회자 중 최초로 문제를 제기했던 인물이다. 1997년 4월 '길 잃은 목자' 편에서 목회자의 가족관계, 성 문제, 재산은닉 등이 고발되었다. 이때부터 목회 세습, 그루밍 성폭력, 불건전한 사생활, 재산은닉 등은 한국 기독교의 상습적인 패악으로 지탄받고 있다. 극동방송 이사장 김장환 목사는 대표적인 친미파 목사로 한국 개신교의 보수적 입장을 지탱해 온 인물로 유명하다. 그는 전두환과 각별한 사이였고 이명박 등 기독교인 대통령 만들기에 앞장섰으며 윤석열 당선 감사예배를 집전하기도 했다.

이들이 주도한 10·27연합예배는 〈100대 기도제목〉을 발표했다. 이는 한국 개신교의 정신적 현재를 이해하는 데 중요한 자료이다. 먼저 '동성애 차별금지법 및 젠더 성혁명에 관한 기도'를 살펴보자. 이들은 차별금지법을 신앙의 자유를 억압하는 악법으로 정의했다. 차별금지법은 "서로가 모두 똑같아야 한다는 평등 실현의 환상"인데 "위험천만한 전체주의적 발상"이자 "반인권적 법률"이라 주장했다. 또한 "이미 대한민국 초중고 교육현장에서는 역사왜곡과 친이슬람 편향성뿐만 아니라 동성애 및 트랜스젠더를 미화"한다고 비판했다. 이들은 동성애를 반대하며 가족을 내세웠는데 비혼주의와 저출생 문제는 '선심성 복지'를 통해 해결할 수 없다고 보았다. 동시에 "페미니즘이라는 악한 사상과 그 사상에 물든 영혼들을 분리하여 혐오가 만연한 사회 분위기"를 극복하자고 했다.

한편 '북한과 자유통일을 위한 기도'에서는 "71년 전 7월 27일 휴전협정 직후 이승만 대통령이 발표했던 '북한 동포여 희망을 잃지 마시오. 우리들은 여러분을 잊지 않을 것이며 모른 체하지도 않을 것입니다'라는 대국민 성명"을 언급하고 11월 5일 예정된 미국 대통령선거에서 신실한 기독교인이 당선되어서 "북한 동포들의 해방과 한반도의 자유평화통일을 앞당기고 복음의 북진과 서진을 인도하여 주시고, 다시 한번 미국과 한국의 교회가 세계 선교에 앞장서는 섭리의 역사를 일으켜"달라고 기도했다. 100개의 기도 중 북한과 관련한 제목은 15개인데 대부분 북한을 비판하고 비방하는 내용이었다. 이 밖에도 생명윤리와 낙태에 관한 기도, 청소년 마약과 게임 중독에 관한 기도 등이 포함되어 있었다.

〈100대 기도제목〉은 한국교회가 아주 정치적이며 보수를 넘어 극우를 향하고 있다는 사실을 반증한다. 이것은 차별금지법, 페미니즘, 보편적 복지, 햇볕정책 그리고 다자주의 외교 등을 정면으로 부정한다. 이들은 동성결혼과 동성애 및 트랜스젠더의 인권이 부각된 근거를 사회변화가 아닌 차별금지법으로 단순화하였다. 1960년대 이후 세계사적 변화, 사상적이며 문화적인 변동, 인권 의식의 확산과 국제법의 발전, 유엔의 권고와 협약체제 등은 일절 고려하지 않는다. 단지 미국의 보수 기독교가 주장하는 '기독교 역차별'에 대한 인식만 가득하다.

또한 페미니즘을 '악한 사상'이라 규정하였는데, 기독교 교리상 악하다는 것은 타협이 아닌 대적과 궤멸의 대상을 의미한다. 이들은 인류 역사에서 반복되었던 여성에 대한 구조적 차별, 특히 조선왕조 이래 최근까지 남존여비문화로 인해 여성들이 감내했던 고통에 대해 숙고도 반성도 하지 않는다. 젊은 세대 사이에서 젠더 갈등이 심각하고 특히 2030세대의 여성혐오 현상이 극우적 경향으로 치닫는 점을 고려한다면 이러한 사고방식은 신학적이라기보다는 정치적이라 할 수 있다. 또한 그렇기 때문에 한국교회의 청년들이 극우의 선봉대가 되었다는 합리적 의심도 가능하다.

선심성 복지를 비판하는 대목도 숙고할 필요가 있다. 강동구의 대형 교회이자 다니엘기도회라는 대형 행사를 주도하는 오륜교회 김은호 목사는 설교 중에 종종 보편적 복지는 기독교적 가치에 위배된다고 주장했다. 이 모습 또한 교회에서는 흔한 장면이다. 왜 교회가 보편적 복지를 비판할까? 과거 서울시를 중심으로 벌어진 무상급식 논란이 사회적 화두가 되었으며 이는 오세훈 시장의 몰락과 박원순 시장의 부상으로 이어졌다. 박원순 시장의 경우 차별금지법 제정과도 깊은 관련이 있다. 선별적 복지와 차별금지법 반대. 보편적 복지와 차별금지법 찬성. 교회는 이 문제를 정치적 관점에서 해석했던 것이다.

●

한국 기독교의 반공주의는 오래된 전통이다. 구한말 선교사들에 의해 개척된 교회는 대부분 평안도에 있었고 1907년 대부흥운동 이래 평양을 중심으로 크게 번성하였다. 하지만 해방 이후 소련군의 진주, 김일성 정권의 기독교 탄압으로 인하여 수많은 교인이 남한으로 도망쳐 왔다. 이들은 이승만 정권에 대한 절대적 지지를 표방하였고, 청년단 등 남한 내 좌익 탄압의 선봉대가 되었다.

하지만 10·27연합예배의 기도문을 이런 전통으로만 해석할 수는 없다. 북한에 관한 기도문은 주로 북한의 인권 실상을 고발하며 김정은 정권의 몰락을 기대하는 내용이다. 김대중·노무현 정부가 북한에 대한 햇볕정책을 표방했고 이명박·박근혜 정부가 당시의 성과였던 금강산 관광·개성공단 등을 폐지한 것은 널리 알려진 사실이다. 김대중·노무현 정부가 조건 없는 관계 개선을 우선시했다면 이명박·박근혜 정부는 비핵화와 북한 인권 등 몇 가지 선결조건을 내걸었다는 점에서도 뚜렷한 차이가 있다. 윤석열은 한발 더 나아갔다. 오물풍선에 대한 원점 타격, 연평도 앞바다에서 도발적인 사격 훈련, 평양 무인기 침투 등 국지전을 도모했으니 말이다. 여하간 남한의 보수정권은 남북관계에 극히 이중적이다. 통일을 강조하면서도 남북 갈등을 부추기는 데 주저함이 없는데 그 행태의 근저에는 북한 붕괴론이 있다. 어차피 무너질 나라를 김대중 정권이 퍼주기 지원을 해서 핵무기도 만들고 정권도 존속하게 됐다는 것이다. 압박을 강화하면 무너질 것이라는 전략인데 최근 남한 핵무장론 역시 이러한 기대에 바탕을 두고 있다. 10·27연합예배 기도문은 전통적인 반공주의를 넘어 최근에 형성된 보수세력의 정치관을 고스란히 공유하고 있다.

동시에 복음의 서진, 미국교회와의 연대를 강조하는데 이 또한 노태우·김대중·노무현 정부가 추구해온 다자주의 외교에 대한 반발로 해석할 수 있다. 1980년대 후반 소련과 공산권의 붕괴, 1990년대부터 본격화된 한중 교류 그리고 중국의 폭발적 성장은 대한민국의 무역 흑자에 상당한 기여를 했다. 이러한 변화에 맞추어 아세안플러스3, 한중일FTA 같은 다양한 협력 모델을 시도했고 남북관계의 개선을 도모하는 '6자회담' 또한 추진되었다. 이명박 정권 당시 맺어진 한국과 중국의 '전략적 동반자 관계'는 이런 노력의 결과였다.

이러한 변화에 대해 한국의 보수세력은 우려를 드러냈다. 중국이 G2의 반열에 오르자 반중정서가 본격화되었다. 2015년 9월 중국 베이징에서 열린 항일전쟁 승리 70주년 전승절 열병식에 참관해 시진핑 주석과 천안문 망루에 오르기도 했던 박근혜는 불과 1년 뒤 고고도미사일방어체계(사드THAAD)를 한반도에 배치하여 중국의 강한 반발을 샀다. 부지를 제공했던 롯데그룹의 중국 시장 퇴출, 다방면의 한한령限韓令(한류 제한령) 등이 모두 이때부터였다. 문재인 정부 당시 소강기를 거쳤지만 큰 변화는 없었다. 그리고 윤석열은 미국, 일본보다 앞장섰다. 노골적으로 탈중국을 주장하며, 중국을 대체하는 동유럽과 동남아시아 시장 개척을 선언하기도 했다. 복음의 서진이란 중국의 복음화를 의미하고 미국교회와의 연대는 신냉전에서 미국의 이익을 수호하며 중국의 인권을 문제 삼는 한미 보수 개신교 간의 연대를 말한다.

이슬람에 대한 적대감 또한 같은 배경에서 탄생했다. 중동의 이슬람세력은 미국에 대적하는 집단이고 동시에 예수 그리스도를 부정하는 종교 아닌가. 글쎄 대관절 누가 누구를 위협하고 있는 것일까? 한국에 있는 이슬람교도들은 거의 모두가 외국인 노동자들이다. 더구나 종교의 자유는 사상의 자유, 신체의 자유와 더불어 인간의 존엄성을 보장하고자 하는 세계인권선언과 대한민국 헌법정신 아닌가.

주일예배가 그렇듯 10·27연합예배 역시 적당한 수준에서 오락가락했다. 매번 설교의 끝은 '회개와 용서', 하나님께서 이 나라를 굽어 살펴달라는 식이다. 덕분에 기독교인들 사이에서는 이중 윤리가 횡행하고 있다. 단지 나라를 위한 기도회에 참석했을 뿐 정치집회에 온 것이 아니라는 말이 대표적이다. 거의 모든 내용이 보수와 극우를 지향하고 있고 사회현실에 대한 반동적 의식이 가득함에도 시작과 끝에 설교와 기도가 들어가면 그것은 비정치적이며 심오하고 초월적인 신앙 행위라는 주장이다.

기독교인들의 집단적 행동은 점점 강해지고 있다. 2025년 1월 11일 기독교단체 '세이브코리아 구국기도회'가 집회를 열었다. 통상적인 기도회와는 다르게 "민주당의 행태는 아합과 동일하다. 또한 독일 나치를 따라가고 있다고 본다. 히틀러는 수권법을 합법적으로 통과시켜 독일을 독재의 길로 몰아갔다", "지금은 하나님이 이 나라를 지켜주지 않으면 위험한 무정부국가와 같다. 무지하고 잠자는 국민들을 깨우기 위하여 우리가 외치고 기도하며 행동해야 한다"라고 신도들을 선동했다. 이 자리에서는 공무원 한국사 강사 전한길이 부정선거론을 주장하기도 했다. 본격적으로 한국 개신교의 정치적 행보가 시작된 것이다.

한국 개신교는 오랫동안 비정치적인 활동을 표방했다. 첫 번째 타격은 4·19혁명이었다. 이승만 정권에 대한 맹목적인 충성이 길을 잃었기 때문이다. 하지만 이는 본질적인 문제가 아니었다. 이승만도 기독교인이지만 안창호, 김구, 김규식 역시 기독교도 아닌가.

무엇보다 1970년대까지 기독교 신자는 수십만 명에 불과했다. 이들은 일제강점기 독립운동뿐 아니라 독재정권에 저항하는 민주화운동을 주도했다. 문제는 1973년. 유신체제가 시작되자 불교신자였던 박정희는 여의도 5·16광장에서 빌리 그레함 목사의 전도집회를 허락했다. 100만 군중이 모여들었고 이듬해에는 CCC라는 기독교 선교단체에서 유사한 집회를 열어 또다시 100만 군중을 모았다. 대규모 전도집회에 고무된 미국인 목사들은 한국을 칭찬했고 그렇게 유신체제는 종교적 정당성을 얻었다. 때는 산업화의 시대. 정부는 중화학공업과 새마을운동을 선전하며 집권 명분을 쌓아갔고 한국형 개신교는 내세적 신앙을 추구하며 현실 문제를 외면했다. 국민은 정부 정책에 순응하며 빈곤을 극복하고 교회를 통해 마음의 위로를 받으면 그만이었다.

독재정권과 교회의 동거는 1980년대에도 계속되었다. 교회는 폭발적으로 성장하였고 수만 명이 다니는 대형 교회가 우후죽순처럼 등장, 1000만 교인이 기대되기도 했다. 하지만 세상을 바라보는 교회의 시각은 바뀌지 않았다. 현실권력에 충성하고, 교회 성장에 몰두하며, 구복과 내세만이 강조될 뿐이었다. 그런데 문제가 생겼다. 사회변화의 폭이 기성세대의 세계관을 압도하기 시작한 것이다. X세대, 민주화 이후에 자라난 세대들이 사회에 등장했다. 높은 교육 수준, 자유분방한 문화, 진보세력에 호의적인 태도 등등. 기성교회로서는 받아들이기 어려운 모습이었다. 더구나 김대중과 노무현이라니! 전라도 대통령에 고졸 대통령. 변화에 대한 반감이 매우 컸고 교회는 점차 사회에서 고립되기 시작했다.

●

이때부터 교회는 뉴라이트의 배양지가 되었다. 교회는 감정적이고 정서적인 공동체이다. 정규제의 말을 빌린다면 망상장애에 걸리기 딱 좋은 곳이다. 무엇이든 은혜가 된다고 믿으면 아멘, 아멘 하면서 받아들인다. 더구나 목사 말에 순종하는 집단 아닌가. 사회변화에 대한 적대감, 진보세력에 대한 거부감, 그리고 뉴라이트라는 새로운 집단의 영향력이 겹치면서 한국교회는 점차 극우보수의 아성으로 변했다. 어쩌면 전광훈은 가장 솔직하고 담백한 인물인지 모른다. 그는 '장로 대통령' 이승만을 추앙하고, 뉴라이트와 역사 인식을 공유하며, 극우적인 노선을 견지하니 말이다. 윤석열 위기의 배경에는 한국 개신교의 위기가 있다. 반공만을 외쳤을 뿐 민주주의의 역사를 전혀 따라오지 못한 집단. 이미 200만 명의 신앙인이 교회를 떠나지 않았는가. 내란의 실패와 교회의 몰락은 함께 이루어질 것이다.

# 9.

## [　　　경제　　　]

국내 금융·외환시장에서는 원/달러 환율이 크게 상승하였고 변동성도 증대되었습니다. 주택시장과 가계부채는 거시 건전성정책 효과의 지속으로 둔화 흐름을 이어갔습니다. 전국 주택매매가격은 하락 전환하였고 금융권 가계대출은 주택거래 감소 등으로 주택 관련 대출 둔화가 이어지고 기타 대출도 감소하면서 증가 규모가 크게 축소되었습니다.

정책 여건의 가장 큰 변화는 비상계엄사태에서 촉발된 정치적 리스크의 확대였습니다. 금융통화위원회는 이러한 변화가 우리 경제에 미칠 영향을 진단하고 예측하면서 이를 통화정책 결정에 어떻게 고려하여야 하는지 많은 고민과 논의를 이어왔습니다. 주요 정책 변수들에 대한 예측을 지난 통방(통화정책 방향 결정 회의) 때와 비교해보면 우선 주택가격과 가계대출은 거시 건전성정책의 영향이 지속되는 가운데 매수 심리도 약화되면서 당분간 둔화 흐름이 계속될 것으로 판단하였습니다. 성장은 하방 위험이 증대되었고, 국내 정치 상황, 경기부양책의 규모와 시기, 미국 신정부의 정책 방향 등과 관련한 전망의 불확실성도 매우 크다고 보았으며 물가는 그간의 안정적 흐름에 큰 변화가 없을 것으로 예상되지만 높아진 환율이 물가에 미칠 영향에 대해서는 경계감을 가지고 보아야 할 필요가 있다고 판단하였습니다. 환율의 경우, 미국 연준(연방준비위원회)의 향후 금리 인하 폭이 제한적일 것으로 예상되는 상황에서 국내 정치 상황 및 미 신정부의 정책 변화에 따라 당분간 높은 변동성이 유지되면서 국내 물가 및 금융 안정에 부정적 영향을 미칠 수 있고 이러한 요인들로 인해 대외 신인도에 대한 우려도 높아질 수 있다고 보았습니다.

2024년 12월 27일 환율이 1470원까지 올랐다. 2009년 3월 16일 1488원 이후 15년 9개월 만의 일이었다. 비상계엄 후폭풍에 대해서는 이론의 여지가 없다. 주식, 비트코인, 환율. 애초에 좋지 못했던 상황이 결정타를 맞은 분위기다. 우리는 지금 어디에 있을까? 그리고 우리의 미래는 어디를 향할까? 그간 누려온 삶의 수준이 무너지는 미래를 상상이나 할 수 있을까? 대한민국의 경제와 사회가 위기라는 점에는 이론의 여지가 없다. 저출생, 고령화, 성장률 둔화 등등. 상식처럼 반복되는 이야기가 널려 있지만 뚜렷한 해법도 의미 있는 변화도 찾아볼 수 없다. 유튜브를 보면 일본과 중국이 망해간다는 콘텐츠가 넘쳐나지만 동등한 기준으로 보았을 때 한국의 상황은 더욱 심각하다.

문제는 총체적 위기임에도 불구하고 경제나 사회를 바라보는 태도가 양분되어 있다는 것이다. 우선 보수진영. 보수진영의 경제 이념은 도대체 무엇일까? 이명박 정권 초기 실용정부를 표방했지만 사회적 설득력을 얻는 데는 성공적이지 못했다. 민영화는 다양한 비판을 받았고 특별히 새로운 성장 동력을 확보하거나 새로운 경제 담론을 내놓은 것 또한 없다. 윤석열 정부 또한 유사하다. 공급을 늘려서 주택 문제를 잡겠다? 과감한 규제 철폐를 통해 기업 경쟁력을 높이겠다? 이미 오랫동안 반복된 이야기 아닌가. 더구나 지난 2년 반 윤석열 정권의 정책은 대부분 부자 감세로 수렴되었다. 나쁜 정책이더라도 나에게는 도움이 돼. 뭐 이런 말이라도 하고 싶은 듯 간혹 보여주는 경제정책은 지나치게 노골적이었다.

●

서울시장 이명박(2002~2006)은 버스 운송체계 개혁, 도심 고가도로 철거, 청계천 복원사업 등을 실시해 국민적으로 큰 호응을 받았다. 서울 중심부를 개혁해서 새로운 시스템과 새로운 환경을 조성하듯 대통령이 되어서는 한반도 대운하, 4대강 정비사업 등을 통해 대한민국 전체에 새로운 활력을 불어넣으려 했다. 하지만 결과는 신통치 않았다. 또한 이 시기에 보수정부가 주도한 규제개혁, 민영화 등 소위 신자유주의정책은 사회적 반발에 직면했다.

보수진영의 경제 담론은 과거의 '개발 신화'에 멈춰 있다. 박정희의 산업화정책은 신화화를 넘어 신격화되었다. 하지만 시대 상황이 크게 바뀌었다. 경제개발계획을 통한 국가 주도의 경제성장이 오늘날에도 가능할까? 얼마 전 미국 국무장관은 유럽 정상들 앞에서 "미국은 더 이상 호구(엉클 샘) 노릇을 하지 않겠다"고 선언했다. 과거처럼 산업의 성장이 시장의 확대나 소득의 분배로 이어지지 못하는 것이 요즘이다. 1960년대 대한민국은 개발 가능성이 무척이나 높은 나라였다. 여전히 강북 일대만이 서울이었고 강남을 비롯하여 전국에는 개발 택지가 넘쳐났다. 인구도 빠르게 늘고 있었다. 투자할 사업도, 땅과 건물도 많던, 그야말로 노력만 하면 성공할 수 있는 세상이었다. 남북관계는 여전히 험악했지만 전면전을 다시 할 여력은 남북 모두에게 없었다. 문화적·민족적 단일성 덕분에 인도나 동남아시아에서 빈번했던 갈등 또한 없었다. 돈이 없던 사람이 돈을 벌고, 집이 없던 사람이 집을 갖고, 자아성취 따윈 꿈도 꾸지 못했던 사람이 꿈을 이루는 과정. 우리는 이를 '한강의 기적'이라고 불렀다. 산업화 신화의 배경, 1990년대 이전의 대한민국은 오늘과는 참으로 다른 사회였다. 1998년 김대중 정부가 주도한 벤처 열풍은 그러한 가능성의 마지막이었는지도 모른다.

●

그런데 성장이 한계에 들어섰다. 이는 국내의 문제만이 아니다. 지난 30년 미국발 신자유주의와 중국의 부상은 시장을 극대화시켰지만 동시에 지구 온난화 같은 보다 근본적인 문제를 야기하였다. 빌 게이츠와 스티브 잡스, 마크 저커버그에서 일론 머스크까지 2000년대 이후 IT산업의 성장은 미국의 저력을 다시 한번 세계에 인증하는 사건이었다. 하지만 세계가 다시 과거처럼 미국 중심으로 돌아가기는커녕 2008년 금융위기가 상징하듯 미국식 금융자본주의는 본격적으로 문제를 일으켰다. 미래는 경영학자들이 떠드는 것만큼 새로운 세상으로 나아갈까? AI가 몰고 올 변화, 그 찬란하고 불안한 미래가 만들어갈 시장 재편은 다수 대중의 삶을 윤택하게 만들 수 있을까? 지난 200년간 보여주었던 근대 세계의 특징, 영토와 시장이 확장되고, 늘어나는 인구를 감당할 만큼 생산력이 증가한 결과 더욱 많은 이들이 더욱더 풍족하며 풍요롭게 살아갈 수 있는 미래가 과연 또다시 재현될까?

역설적이게도 세계화와 정보화는 영토, 지리, 인구 등 전통적인 사회 요소의 영향력을 강화하였다. 유럽은 구대륙에 붙어 있기 때문에 러시아에서 튀르키예, 이슬람 국가로 이어지는 무수한 국제적 갈등에서 자유로울 수 없다. 한국이나 일본은 중국만큼의 경제성장이 불가능한데 여기에는 역사적 요인마저 겹쳐 있다. 중국은 끝내 식민지가 되지 않았고, 자생적인 공산주의의 발전과 오랫동안 유지된 관료제 전통으로 인해 10억 명이 넘는 인구가 문화적 일체성을 지니고 있다. 인도와는 전혀 다른 모습이기 때문에 오늘날 중국과 인도의 국제적 위상이 다른 것이다. 그런데 이러한 전통적인 사회 요소가 IT혁명 같은 기술 혁신을 통해 오히려 강화되고 있다. 러시아와 우크라이나의 전쟁, 중동 지역에서의 갈등, 이스라엘과 이란의 패권 다툼, 그리고 중국을 중심으로 한 홍콩, 타이완, 남북한과 일본의 관계. 이 모든 국지적인 요소들은 사라지거나 해소되기는커녕 동시다발적인 문제가 되어버렸다.

더구나 미국. 미국은 2차 세계대전 이후 지속적으로 경제적인 주도권을 잃어갔다. 이를 만회하기 위해 미국은 자본 투자와 금융 기법을 통해 세계경제의 성장을 후원하며 제2의 호황을 누렸다. 하지만 바로 그러한 이유로 G2 시대, 중국과의 경쟁이 시작되었고 내부적으로는 트럼프를 지지하는 가난한 백인 노동자들에게 둘러싸이고 말았다. 바이든은 "미국이 돌아왔다"라고 선언했지만 4년 뒤 트럼프가 다시 돌아왔고, 취임 첫 날 "이전 행정부의 명령은 5분 안에 무효화될 것"이라며 파리기후협약을 탈퇴했다. 미국이 만든 세계에서 미국마저 비틀거리고 있는 것이다.

●

내외적 상황은 진보진영에도 똑같이 적용된다. 유시민은 여러 매체를 통해 진보정권이 보수정권보다 경제성장률이 높았다고 주장했다. 한화증권 사장 출신의 경제평론가 주진형은 이런 인식에 매우 비판적이다. 그는 외환위기 이후 진보·보수 할 것 없이 질적인 개혁을 시도한 적이 없으며, 중국의 성장에서 득을 보며 안주했다고 평가했다. 진보진영의 경제정책에 대한 유시민의 주장은 정치적이다. 노무현 정권을 비판했던 2000년대 초반 산업화 논리에 대한 반응이 그 배경이며, 문재인 정권을 변호하는 성격이 강하기 때문이다. 그러나 놓치면 안 되는 사실이 있다. 1990년대 이래 정권교체가 계속되었던 데 반해 한국경제는 지속성을 띠었다는 점이다. 각각의 진영이 집권하는 기간을 지표로 만들고 그것을 대조하는 것이 도대체 무슨 의미가 있을까. 더구나 한국의 신자유주의는 진보진영을 통해 수입되었고 확장되었다. 김대중은 외환위기의 배경을 박정희 시대의 전통으로 해석하였다. 정경유착과 관치금융. 김대중 정부는 금융개혁과 벤처투자 등을 중심으로 기업과 금융의 자율성을 강화하였고 이를 통해 정경유착과 부정부패를 해소하고자 했다. 정부는 정부의 일을 하고, 기업은 기업의 일을 하게끔 하는 것이 한국경제의 도약에 중요한 바탕이 된다고 생각했던 것이다. 여기에 미국발 신자유주의는 큰 힘이 되었다. 일본식 정실주의, 관료주의를 극복하는 데 있어 자유주의적인 기업 이념, 연공서열을 깨고 연봉제를 도입하는 것은 도움이 되었고, 이는 기업인들의 모험심에도 부합했다. 또한 외환위기 이후 한국경제에 공세를 가하던 미국의 이해관계와도 일치했고 IT산업의 부흥이라는 시대적 방향과도 어울렸다. 따라서 효과가 좋았다. 이러한 진보진영의 성장 경험은 노무현 정권기 한미FTA의 발효를 통해 극대화되었다. 여러 위험 요소가 있지만 튼튼한 저력을 가지고 있기 때문에 한미FTA는 한국경제에 큰 도움이 될 것이다. 많은 반대에도 불구하고 노무현의 의지는 뚜렷했다.

그런데 문제가 생겼다. 노동 문제가 대표적이다. 끝없는 아웃소싱을 통해 수많은 노동자가 자본 없는 사장님 혹은 비정규직이되었고 그만큼 노동법의 보호를 받지 못했다. 비정규직의 급속한확산은 2년에서 4년으로 계약을 연장하는 것으로는 해결할 수 없는문제였다. 김대중 정부가 기획한 노사정위원회 역시 큰 효과를 발휘하지 못했다. 이 지점에서 문재인 정부 또한 특별할 것이 없었다.

전반적으로 진보진영은 보수진영 못지않게 개방적이었으며이를 만회할 수단이나 정책에 적극적이지 않았다. 1990년대 후반잠시 불었던 '재벌개혁' 담론은 벤처물결과 함께 쑥 들어가버렸다.1995년 윈도우라는 PC 운영체제가 등장하고 빌 게이츠로 상징되는 '부의 미래'가 시작될 때 한국에서도 MP3 시장을 선도하던 아이리버를 비롯하여 수많은 혁신 기업이 등장했지만 그 결과는 재벌체제의 공고화로 귀결되었다. 2대 세습을 넘어 3대 세습으로, 동네빵집과 미용실까지도 대기업이 진출한 지난 20여 년은 테슬라, 엔디비아, 챗GPT, DeepSeek 등 소위 선진국의 혁신과 참으로 대비되는 시간이었다.

진보정권의 경제정책은 매번 온건하고 합리적인 방향을 지향했다. 각종 경제 문제에 대한 이슈 파이팅은 넘쳐났지만 이를 끝까지 끌고가는 모습은 찾아보기 어려웠다. 보편적 복지, 소득주도성장론, 기본소득 등 여러 아이디어들이 쏟아져나왔지만 그중 '이것이 진보진영의 경제정책이다'라고 내세울 것이 대체 무엇일까.

교육 분야를 살펴보자. 1995년 김영삼 정권은 5·31교육개혁이라는 중대한 변화를 시도하였다. 민주화와 세계화라는 비상한 변화에 걸맞은 새로운 교육 시스템이 필요하다는 이유였다. 당시의 교육개혁은 몇 가지 특징을 지닌다. 정권 차원에서의 교육개혁, 공교육을 통한 산업인재 양성, 디지털 교육환경 조성, 입시제도 개선을 통한 사교육비 절감 등이 핵심이었다. 새 시대에 맞는 교육환경과 인재 양성은 어떻게 이루어질 수 있을까? 첫째, 대학의 다양화와 특성화가 이루어져야 한다. 둘째, 누구나, 언제, 어디서나 원하는 직업교육을 받을 수 있는 평생직업교육체제를 마련해야 한다. 셋째, 학생들의 적성과 소질에 맞는 교과목 선택을 통해 학생 중심의 교육과정이 만들어져야 한다.

하지만 이 개혁안은 시작부터 잘못되었다. 대학 설립의 기준을 완화하고, 교육기관에 자율성을 부여했는데 다양화는커녕 특성화도 이루어지지 않았다. 왜? 서울대를 필두로 명문대들은 국가의 각종 혜택과 사학의 명성을 이용하여 종합대학으로서의 지위를 유지하고자 부단히 노력했다. 새롭게 생긴 대학들은 이를 따라갈 수 없었고 스카이로 상징되는 대학의 위계를 해체하려는 후속 조치 또한 없었기 때문에 오히려 명문대 집중화 현상은 강화되었다.

평생직업교육 또한 비슷한 결과에 도달했다. 도심형 대학, 방통대와 사이버대학, 일반대학의 특수대학원 과정 등 누구나 접근할 수 있는 시스템이 마련되었지만 이것이 기존의 교육제도나 명문 종합대학을 대체할 수준으로 나아가지는 못했다. 사회생활을 위해 자격증과 학위를 따러 가는 그저 그런 학원과 같은 역할 혹은 기업인들의 인맥을 주선해주는 대학의 수익사업 정도로 귀결되고 말았다. 교육개혁 이후 오히려 명문대의 위상은 더욱 높아졌고 경쟁은커녕 위계만 강화되었고, 신생 대학이나 평생교육과정 등은 단지 보조 수단이 되어버린 것이다.

더불어 입시 위주의 초중등교육 또한 변화하지 못했다. '학생들의 적성과 소질에 맞는 교과목?' 과연 학교가 모든 학생들의 능력과 취향을 반영하는 섬세한 교과과정을 운영할 수 있을까? 일방적인 수업에서 벗어나 교사와 학생들이 주도적으로 토론하고 소통하는 교실. 누구나 원하는 이 변화는 왜 일어나지 않을까? 개혁안의 방향은 뚜렷했지만 그것을 어떻게 구체화할 것인가에 대해서는 막연하기 짝이 없었다. 현실은 오히려 악화되었다. 수십 년 전에도 국영수가 가장 중요했듯 지금도 국영수는 중요하며 역사는 암기과목에 불과하고 교사는 여전히 '정답'을 가르친다. 더구나 사교육을 완화하기 위한 수단으로 EBS를 만들고, 맞춤형이라는 명분하에 학생들의 학습에 더욱 구체적으로 간섭하고 있다. 무엇보다 종래의 과중한 학업 과정을 해체하지 않았기 때문에 학생들은 시험과 수행평가, 수시와 정시 사이에서 헤매게 되었다.

그런데 심각한 문제는 김영삼 정부의 교육개혁안을 김대중 정부를 비롯하여 이후의 정부에서 진보·보수 할 것 없이 따라했다는 점이다. 5·31교육개혁을 주도했던 열 명의 전문위원들은 이후 김대중·노무현 정부에서도, 이명박·윤석열 정부에서도 교육부장관에 올랐다. 싸움은 표면에서만 일어나고 있었다. 논술 강화와 3불 정책, 입학사정관제와 특성화고 도입 등으로 논쟁의 소재만 달라졌을 뿐이다. 정권이 바뀔 때마다 교육 문제를 둘러싼 논쟁은 격렬했지만 경쟁적 입시제도의 강고한 구조를 진지하게 숙고하고 해체하려는 체계적인 시도는 어떤 정권에서도 찾아볼 수 없었다. 더구나 문재인 정권은 조국사태를 겪으며 입시 문제에 대해 보수적이 되었고 윤석열 정권은 진보 교육감들이 추진했던 일반고 중심의 정책을 폐기하는 데 만족하는 수준이었다.

●

개발과 발전. 진보건 보수건 정부의 경제정책은 매번 두 단어 사이를 맴돈다. 경기북부개발계획이라는 것이 있다. 경기도를 남북으로 나누고, 경기북도의 낙후성을 극복한다는 주장인데 애초에는 여당이 제안했다. 노태우 후보 시절 처음 등장했고 김영삼 후보 시절 공약 사항이 되었는데 어느 순간부터 민주당 후보들의 공약으로 바뀌었다. 애초에 경기북도에 관한 구상은 엉뚱한 면이 있었다. 베를린장벽 붕괴 이후 북한도 붕괴될 것이고 그러면 수많은 사람들이 서울로 몰려와서 도시 빈민이 될 것이기 때문에 경기북부를 개발하여 이를 방지하자는 구상이었다. 물론 최근 자료집에는 이런 내용이 빠져 있다. 하지만 경기북도에 대한 찬란한 구상은 대부분 '개발과 발전'이라는 개념에 매몰되어 있다. DMZ 일대의 관광 특수화, 대기업과 공장 유치, 대학과 아울렛 유치 등등 진보진영의 공약집에도 '개발과 발전'을 넘어서는 상상력은 없다.

2021년 10년 만에 서울시장으로 돌아온 오세훈 시장의 서울 구상 또한 주목할 부분이다. 그는 앞선 재임 기간에 동대문운동장을 DDP로 탈바꿈시켰다. 세계적인 건축가가 설계한 거대하고 독특한 건축물을 짓는 데 엄청난 예산을 소모했고, 개관 이후에도 각종 문화행사를 추진하는 등 투자를 멈추지 않았다. 하지만 결과는 신통치 않았으며 2021년 서울시의회가 이를 신랄하게 비판한 보고서를 발행하기도 했다. 인근 지역이 지닌 지역성, 역사와 문화, 상권의 특성에 대한 치밀한 분석이 부재했기 때문이다. 청계천을 따라 신설동까지 이어지는 상권은 소상공인 중심인 데다 DDP에 무심한 노인층이 대부분이다. DDP 동서로는 상권과 시장이 이어지지만 서쪽이 평화시장을 중심으로 한 의류 시장이라면 동쪽은 풍물시장을 중심으로 한 영세 상권이다. 두 시장의 연결성이 없으며 동대문 사거리는 매우 넓기 때문에 도보로 이동하기에는 불편하다.

더구나 DDP는 동대문과 정면으로 충돌하고 있다. 서울시가 오랫동안 추진해온 서울성곽복원사업에 따라 낙산에서부터 이어지는 한양도성은 DDP 지점에서 사라지고 만다. 더구나 DDP는 두산타워를 비롯하여 인근 상업지구의 건축 형태와 이질적이다. 그럼에도 불구하고 DDP 일대에 대한 서울시의 입장은 명확하다. 개발 권역을 종로5가 일대까지 확장하고 무엇보다 층고를 높인다. 이렇게 되면 주변의 전통 건축과 남산이 가려지는 문제가 발생한다. 서울시는 개발 부지의 일부를 녹지화해서 생태적인 환경을 조성하고 건물 상층부에서 남산을 보면 된다고 주장한다. 즉, 홍콩이나 싱가포르처럼 촘촘한 고층 빌딩이 밀집된 공간으로 DDP 일대를 바꾸자는 것이다.

실행 가능한 발상일까? 종로의 상권은 근본적인 수준에서 붕괴하고 있고, 종각에서 종로5가까지 한때 크게 번성했던 건물의 1층은 대부분 공실이다. 그럼에도 서울시장의 공약은 일관적이다. 강변북로를 지하화해서 수변에 열린 공간을 확보하겠다. 한강 변에 복합시설을 갖춘 랜드마크 타워를 세우겠다. 잠실운동장을 리노베이션하겠다. 흑석 뉴타운을 개발하겠다 등등. 성장 없는 자본주의를 상상할 수는 없다. 하지만 많은 나라에서 이미 개발과 성장의 한계를 논하는 것이 현실이라면 이에 부응하려는 노력이 있어야 하지 않을까. 보수건 진보건 경제 문제에 관한 상상력은 지나칠 정도로 빈곤하다.

　박원순 시장 시절 도시 재생이 시도된 적 있다. 개발의 한계를 인식하고 구도심의 생활수준을 높여보자는 발상이었다. 이것은 박원순의 아젠다일까, 진보진영의 아젠다일까. 전주한옥마을, 부산 감천마을 등 한국에서의 도시 재생은 관광사업과 맞물려 진행되다가 어중간한 수준에서 흐지부지되고 있다. 무엇이 '진보'적인 경제 정책인가. 또한 진보적인 노력의 사회적 결과는 구체적으로 무엇일까. 진보진영은 경제 문제에 있어서 뚜렷한 자기 역량을 갖추어야 할 것이다.

10.

[   뉴라이트   ]

그는 6·15선언 이전까진 인권을 매우 중시하는 사람으로 알려졌다. 미얀마의 민주화운동 지도자에 대한 응원도 열심히 한 사람이었다. 그런 사람이 탈북자, 납북자, 국군포로에 대해서는 아예 관심조차 기울이지 않았다. 김정일에게 그렇게 많이 갖다 주고도 국군포로를 돌려 보내달라는 말조차 꺼내지 못한 정부였다. 그러면서 김정일에 충성하는 비전향 장기수 63명을 보냈다.

어떻게 이런 일이 한 인격체 안에서 같이 일어날 수 있는가? 그 해답은 "좌익이 그의 숨겨진 본색이었다"일 수밖에 없다. 권력을 잡기 전에 한 행동의 상당 부분은 본색을 숨기는 것이었고, 권력을 잡은 뒤 한 번밖에 주어지지 않는 기회를 이용하여 자신의 신념대로 행동한 것이다. 그런 점에서 그는 기회주의자가 아니라 신념에 투철했던 인물이다. 문제는 그 신념의 정체다. (중략)

그가 당당하게 싸웠던 상대는 헌법에 명시된 대한민국의 정통노선(반공·자유민주주의)을 걸어온 주류층이었다. 대한민국, 헌법, 이승만, 박정희, 이명박, 조선일보, 동아일보, 애국세력, 보수정당, 국군포로에 대한 그의 적대적 내지 냉담한 태도와 김정일, 비전향 장기수, 종북세력, 촛불시위자들에 대한 호감과 지지는 그의 가치관을 뒷받침하는 이념적 신념체계의 자연스런 반영일 것이다.

지난 6월 초순에 김대중 씨는 마지막이 된 연설을 통해 이명박 정부를 사실상 독재로 규정하고, 김정일에 대해서는 "북한이 미국으로부터 억울한 일을 당했다"고 동정하는 한편, 국민들이 궐기하여 반정부운동을 벌여야 한다고 주장했다. 무엇에 쫓기는 듯한 말투였다. 자신이 추구한 목표가 부정되는 상황, 자신이 만들려고 하는 세상이 자신을 버리는 현실에 직면한 사람의 초조감이었던가?

근대화 혁명가 박정희는 한 일본인 학자에 의하여 "한국 역사 속의 봉건적 잔재와 싸우다가 전사한 사람"으로 평가됐다. 김대중 씨는 "대한민국 및 대한민국적 가치와 싸우다가 분사한 사람"으로 평가될지도 모른다.

2025년 1월 7일 MBC 〈100분토론〉에서 헌법학자 임지봉과 보수 논객 정규제 간의 논쟁이 있었다. 임지봉은 '헌법과 법률의 절차적 우선성'을 강조하였고 정규제는 정반대의 이야기를 했다. 먼저 임지봉의 주장. 탄핵받을 행동을 했으니 탄핵 절차를 따라야 한다. 헌법재판소가 심사를 하는 것, 심사를 위해 마련된 절차에 순응하는 것은 체포와 구속, 기소와 재판 등 현대 국가의 절차적 정의에 부응하는 행동이다. 이 당연하고 적법한 과정에 우선할 것은 아무것도 없다. 반면 정규제는 희한한 논리를 펼쳤다. 누가 윤석열이 잘했다고 하는가? 누가 그 절차를 무시하는가? 그 절차를 이루어 나가는 데 있어서 갖추어야 할 '그 무언가가 결여'되어 있다는 점이 현재의 상황을 혼란스럽게 만들고 있다. 이 혼란의 원인은 민주당의 점령군 행세 때문이고, 윤석열에게 하듯 이재명에게도 똑같이 해야 한다.

여기서 이재명 이야기는 왜 나오는가? 결국 한국의 보수가 두려워하는 것은 윤석열의 내란이 아닌 이재명의 집권이란 말인가? 민주당의 횡포는 왜 나오는가? 민주당의 강경한 태도를 두고 비판을 할 수는 있다. 하지만 민주당이 점령군 행세를 해서 상황이 나빠졌다는 주장은 윤석열이 입법독재 때문에 비상계엄을 선포했다는 말과 꼭 같다. 한국의 보수진영에게 민주당을 비롯한 야권은 결코 정권을 넘겨주어서는 안 되는 절대 악과 같은 존재인가.

하지만 정규제의 발언들 가운데 더욱 중요한 부분은 '그 무언가가 결여'라는 대목이다. 정규제는 끊임없이 임지봉의 말을 잘랐다. 임지봉이 헌법과 법률의 절대성을 강조했다면 정규제는 그러한 절대성을 실천하기 위한 '전제'가 필요하다는 말을 반복했다. 그것이 무엇일까? 정규제의 주장은 '정치 우선주의'로 요약될 수 있다. 윤석열의 잘못에 대해 여야가 긴밀히 합의했더라면 훨씬 수월하게 해결되었을 것이라는 주장, 비단 정규제만이 아니라 한동훈, 권성동 등 여권이 지속적으로 문제 삼는 상황의 본질은 헌법과 법률 위에, 헌법과 법률에 앞서 '정치'가 존재한다는 인식이다. 그럴 만도 하다. 언제 우리나라에서 헌법과 법률이 절대적 위상을 가졌던가. 최우선하는 가치는 줄곧 '권력'이었다. 권력을 나누어 가지는 것이 정치이고 그러한 권력과 정치를 떠받드는 것이 헌법과 법률 아닌가. 헌법학자의 주장은 정규제가 비아냥댔듯 교과서적이거나 추상적인 언변에 불과하다. 왜? 한국현대사는 그렇게 흘러오지 않았으며 한국의 보수주의는 권위주의, 독재정권에서 배태되었기 때문이다. 지금 보수진영에 문제가 되는 것은 윤석열 때문에 정치가 헌법에, 권력이 법률에 밀리게 생겼다는 점이다.

조갑제. 그는 오랫동안 조선일보 기자로 활동하면서 1987년 이후 보수 담론에 지대한 영향을 미쳤다. 그랬던 그가 이번 내란사태를 두고 윤석열과 국민의힘에 엄청난 비난을 퍼부었다. 1월 3일 조갑제는 CBS 〈한판승부〉에 출연하여 보수가 가져야 할 '덕목, 품위, 책임' 등에 관하여 이야기를 했다. 조갑제는 1980년대에 눈부신 활약을 펼쳤다. 그는 『부마사태에서 10·26정변까지 유신정권을 붕괴시킨 함성과 총성의 현장 1·2권』, 『고문과 조작의 기술자들』 등을 저술하여 독재정권의 국가폭력과 인권유린을 비판하였다. 『월간조선』에 200여 명에 달하는 하나회 명단을 공개하고 정경유착의 폐해를 통계화하는 등 문자 그대로 '전설적인 언론인'이었다. 하지만 그는 외환위기를 기점으로 완전히 다른 길에 들어선다. 「네 무덤에 침을 뱉어라」, 「국부 이승만의 나라 만들기」 같은 박정희와 이승만을 예찬하는 장기 연재를 통해 기득권세력의 숨통을 열어주었다. 산업화, 근대화, 국부, 건국 등 오늘날 뉴라이트 인사들이 반복적으로 하는 얘기의 저변에 조갑제의 기사가 있다. 이후 20년간 이 주장은 끊임없이 복제되었고 마음대로 활용되었다. 산업화를 위해 어쩔 수 없이 쿠데타를 일으켰다. 유신체제는 중화학공업 육성을 위한 부득이한 선택이었다. 대한민국은 건국 대통령 이승만이 기초를 놓고 부국 대통령 박정희가 완성시켰다! 이 처참한 역사왜곡에 대한 비판은 잠시 미뤄두자. 아마도 조갑제의 입장에서는 민주화 이후 보수 재정립의 필요를 절실히 느낀 듯하다. 대한민국에서 보수는 무엇인가. 첫째, 반공. 둘째, 산업화. 그리고 21세기라는 새로운 시대에 걸맞은 선진화된 대한민국으로 나아가야 한다. 과오를 전면 부정하는 것은 아니다. 하지만 과오를 뛰어넘는 업적이 있다. 선진화 담론은 박세일이 도왔고 여론화에서는 정규제의 역할이 컸다. 여하간 조갑제와 그들에 의해 이승만과 박정희는 새로 태어났다. 조갑제와 그들에 의해 이승만과 박정희는 자유롭고 부강한 나라 대한민국을 일군 어버이가 되었다.

●

이들의 주장은 역사왜곡 논쟁을 초래하였다. 이승만과 박정희의 건국·부국론은 어떤가. 첫째, 한국인들이 생생하게 경험한 지난날의 기억과 정면으로 상충한다. 둘째, 역사학계가 지난 수십 년간 일구어놓은 연구 성과와도 배치된다. 셋째, 1980년대 이후 본격화된 민주화세력의 역사 인식과도 배치된다. 예를 들어보자. 1962년 국가재건최고회의 의장 박정희는 『우리 민족의 나갈 길』이라는 책을 발간한다. 직접 쓰지는 않았지만 본인 명의로 출간한 첫 번째 책이었다. 이 책은 '4·19혁명과 5·16군사혁명'의 정당성을 강변하며 이승만의 1공화국과 장면의 2공화국을 동시에 비판하고 있다. 박정희는 "자유당이야말로 정당으로서 자파 이익 중심체의 한 표본"이고 "4월혁명의 덕분으로 여당의 지위"로 바뀐 민주당 역시 "자유당 못지않을 정도의 사당이며 파당"이라고 주장했다. 박정희는 "이승만 독재 12년에 기반산업의 토대인 전력 하나 해결치 못한 사치적인 소비경제로 농촌은 피폐하고 그 농민의 피와 살을 깎아 도시만이 비정상적으로 비대화하여 부패와 부정이 극에" 달했다고 비판하였다. 박정희는 자신의 집권 명분을 4·19에서 찾았으며 1963년『국가와 혁명과 나』, 1971년『민족의 저력』, 1978년 마지막 저서『민족중흥의 길』에서도 이승만 정권과 1공화국을 신랄하게 비판하였다.

박정희는 "혁명정부가 경제정책에 특히 중점을 두고", "경제정책을 수립", "국토건설사업을 수립 추진하면서 막대한 자금을 투입하는 것도 실업자를 구제하고 이 땅에서 빈곤과 기아를 추방함으로써 명실공히 '경제적 평등'을 실현시키기 위함"이라고 공언하였다. 또한 우리 민족이 '경제적 평등'을 향유하게 될 때, 다른 모든 평등권이 동시에 실현될 것"으로 보았다. 사회정의와 경제적 평등의 실현을 위해서는 국가 주도의 경제정책이 중요하고 이를 달성했을 때 여타의 국민들이 민주적 권리를 누릴 수 있다고 본 것이다. 오늘날 박정희기념사업회에서 발간한 '쉽게 풀어 쓴' 박정희 저서에서는 '경제적 평등' 같은 문구가 삭제되었으며, 이들은 자신들의 이

넘과 맞지 않는 박정희의 주장을 자의적으로 편집하였다. "우리들은 자본주의도 공산주의도 아니다. 단지, 우리는 사회를 형성 중에 있을 뿐이다." 이 말은 이집트의 군사지도자 가말 압델 나세르가 한 말인데, 박정희는 자신의 정당성을 확보하기 위해 이 말을 인용했다. 중앙일보 논설위원이었던 극우논객 김진도 이 말을 자주 인용하였지만 박정희가 보여주었던 탈이념적 성향, 민족주의적 태도, 무엇보다 경제적 평등을 향한 강력한 의지 같은 것들은 모조리 배제하였다. 이 사실은 무엇을 의미하는가. 박정희는 이승만을 부정하였고 민주혁명의 계승을 천명하였다. 복지, 평등 같은 개념은 경제성장의 대척점이 아니라 성장의 바탕 위에서 도달해야 할 완성점이었던 것이다.

●

뉴라이트는 '비정상의 정상화'를 꿈꾸듯 보편적 역사 인식을 바꾸기 위한 노력을 게을리하지 않았다. 시작은 이명박 정권. 실용정부를 표방했으나 뻔한 보수정부가 되는 데 그리 오랜 시간이 걸리지 않았다. 무엇보다 4대강 정비사업 등에서 제기되었던 수많은 불법 비리와 부정부패는 조갑제가 그토록 숨기고 싶어 했던 1970년대 재벌기업들의 정경유착과 고스란히 닮아 있었다.

이명박 정권은 한국사 교과서의 검정제도를 악용했다. 검정제도의 취지는 교과서 저술에 자율성을 부여하고 정부의 간섭을 최소화하는 것이었다. 정부가 보편적 가이드라인을 설계하면 나머지는 저자와 출판사의 몫이었다. 하지만 정부는 검정기준을 엄격하게 만들었고 이를 기준으로 기존의 교과서들을 평가하기 시작했다. 특히 금성출판사의『근현대사 교과서』를 좌파사상의 온상으로 몰았으며 저명한 역사학자들을 국회로 불러 모욕을 주기도 했다. 당시는 학교에서 선택과목으로 근현대사의 인기가 높았으며 금성출판사 교과서를 많이 보던 때였다. 일종의 기강 잡기가 시작된 것이다. 이 시기 '교과서포럼' 같은 뉴라이트조직이『대안교과서』등을 출간하며 바람몰이를 시작했다. 기존의 한국사 인식은 틀렸다. 대한민국은 자랑스러운 나라이다. 왜 학생들에게 열패감을 심어주고 자국의 역사를 부정적으로 인식하게 하는가!

박근혜 정부는 한발 더 나아갔다. 국정교과서 사업을 재개한 것이다. 국정교과서는 말 그대로 국가가 교과서의 저작권을 갖는 것을 의미한다. 저자가 쓴 글을 국가가 마음껏 고칠 수 있다는 말이다. 세계의 역사교과서가 검정제도를 넘어 자유발행제로 나아가고 있는데 박근혜 정부는 이를 역행하는 선택을 한 것이다. 그만큼 박근혜 정부는 박정희의 역사적 복권에 적극적이었다. 하지만 국정교과서 문제는 박근혜 정권 몰락의 시발점이 되었다. 국정화에 반대하는 목소리가 강력했기 때문이다. 역사학자, 역사교사, 그리고 학생들이 거리로 몰려나왔고 투쟁은 2년여에 걸쳐 계속되었다. 민주화 이후 역사교육의 자율성은 생각보다 강력했고 발간된 국정교과서는 탄핵정국과 맞물리며 폐기처분되었다.

　이 시기 미디어를 활용한 노력 또한 계속되었다. 영화 〈화려한 휴가〉, 〈변호인〉, 〈1987〉 등은 좌파영화이고 따라서 우파적 이념을 갖춘 영화를 만들어야 한다는 주장이 대두되었다. 〈국제시장〉, 〈연평해전〉이 시작이었고 다큐멘터리 형식을 빌린 영화 〈건국전쟁〉은 매우 노골적이었다. "4·19혁명은 이승만이 아닌 부통령 이기붕과 자유당 때문이다." "사실 4·19혁명은 이승만 대통령 덕분에 일어났다. 이승만의 교육정책이 효과를 보았기 때문이다." 놀랍게도 〈건국전쟁〉의 주장은 12·3내란사태와 꼭 빼닮았다. 내란의 책임은 윤석열이 아니라 국방부장관 김용현 휘하 군사지휘관들에게 있다. 계엄은 국민을 일깨우기 위한 계몽의 수단이었다! 이런 주장과 참으로 유사하지 않은가. 이 신박한 논리는 역사적 사실과 아무 관련이 없다. 자유당은 철저하게 이승만의 어용정당이었고 이기붕은 집사와 같은 존재였다. 1950년대 후반 아흔을 바라보는 나이에도 이승만의 권력욕은 대단했고 대통령 유고를 고민하는 자유당을 아랑곳하지 않았다. 그는 자유당의 내각제 권고를 수차례 물리쳤다. 또한 진보당을 해산했고, 조봉암에게 간첩 누명을 씌웠으며, 부정선거를 통해서라도 대통령직을 이어가고자 했다.

　4·19 당시 학생들이 데모를 주도했던 것은 1919년 3·1운동부

터 1929년 광주학생항일운동까지 오랫동안 이어져온 학생운동의
전통에서 기인한다. 더구나 부정선거 전후 학생들의 정치적 관심
을 억누르기 위한 각종 조치가 문제를 키웠고 무엇보다 마산상고
김주열 군의 죽음에 대한 분노가 컸다. 교육대통령 이승만? 영화는
마치 1950년대에 자유민주주의 교육이 실시된 것처럼 주장했지만
당시 교육은 권위주의적이었으며 반공주의가 주를 이루었다.

영화는 이승만의 1958년 '경제 3개년 계획'이 박정희 정권의
'경제개발 5개년 계획'의 기초가 되었다는 듯이 이야기를 전개한
다. 이 또한 틀린 얘기이다. 이승만 정권 초기의 부흥 계획 그리고
말년의 3개년 계획은 제대로 실천된 적이 없다. 3개년 계획의 경우
원조 확대, 쌀 수출이 핵심이었고 중화학공업 발전 등은 당시로서
는 무모한 계획에 불과했다. 박정희 정권의 경제 계획과는 무관하
다. 〈건국전쟁〉은 이승만을 민족의 '유일한 선각자'로 묘사한다. 이
승만이 3·1운동을 이끌었고, 최초의 여성교육을 통해 남녀평등을
이루었으며, 미일전쟁을 예언하였고 외교독립 방략을 독창적으로
제시했다고 주장했다. 이 또한 전혀 사실이 아니다. 유관순 열사의
사례에서 알 수 있듯 여성교육과 남녀평등은 개신교의 전래, 선교
사들의 노력에 기인한다. 3·1운동은 동시다발적으로 전개된 거족
적 민족운동이었다. 도쿄 유학생들이 이승만의 지도를 받았던가?
천도교나 개신교 같은 종교계가 이승만의 영향을 받았던가? 신한
청년단을 비롯하여 중국에서 활동한 이들이 이승만의 영향을 받았

던가? 미일전쟁과 외교독립론 발상은 안창호에 의해서 구체화되었고 애국계몽운동, 무장투쟁 등은 당대 대부분의 독립운동가들이 주장하고 함께 실천했던 내용인데 그것이 어떻게 이승만의 선각자적 발상일까?

●

2019년 여름 이영훈, 김낙년 등 뉴라이트 학자들이 쓴『반일종족주의』가 출간되었다. 이 책은 한국에서는 20만 부, 일본에서는 40만 부가 팔리면서 종래의 통념을 뒤흔들었다. 대한민국은 민족주의 국가가 아니다. 천박한 '종족주의'에 사로잡혀 있으며 '반일'만 외치고 있다. 고종은 무능한 기회주의자였다. 조정래의『아리랑』은 역사왜곡 소설이다. 일제강점기는 한반도의 근대화에 이바지했다. 강제노동은 노예노동이 아니었고 일본군 위안부는 자발적인 성매매 여성들이었다. 독립운동가가 아닌 친일파들이 대한민국 건국에 공헌했다. 김구는 테러리스트였다.

이들은 2006년에 쓴『해방전후사의 재인식』에서 견지했던 최소한의 학문적 태도를 벗어나 자신들의 주장만 옳고 기존의 통념은 모조리 틀렸다고 말했다. 이들은 기존의 역사학자들을 종북좌파로 몰았다. 박근혜 정부 당시 99퍼센트의 역사학자가 좌파라는 황교안 국무총리의 주장과 대동소이하다. 이후『반일종족주의』는 일종의 경전이 되었고 유튜브를 통해 일파만파 퍼져나갔다. 뉴라이트의 세속화 과정이라고나 할까? 극우 유투버들은 더욱 과격한 주장을 일삼았다. 이들은 고종을 넘어 조선의 존재 자체를 부정했으며 근대화의 모든 것을 일본의 공으로 돌렸다.

이토록 과격한 주장의 결론은 대체 무엇일까? 우리는 자랑스러운 대한민국이다. 이를 부정하는 세력이 대한민국에 있는데 그들은 종북좌파요 반일친중세력이다! 세상에 이보다 보잘것없는 '사상의 빈곤'이 있을까. 생각 없음과 실증적 오류는 무수한 적을 만들어냈다. 5·18도, 4·3도, 한국전쟁기 학살도 모두 빨갱이들 때문이고 민주화운동도, 독립운동도 모두 무가치한 것들이라고. 이들은 역사의 의미를 박탈하고 세상을 천박한 경제 이데올로기로 치환했다. 동시에 복잡다단한 대한민국의 역사를 신화화하기 위해 이승만과 박정희를 우상화, 신격화했다. 이것이 북한의 백두혈통이나 3대 세습 주장과 무엇이 다른가. 이것이 어떻게 민주주의국가에 어울리는 생각인가.

●

뉴라이트가 지른 불길은 유튜브를 타고 2030 남성들에게 옮겨 붙었다. 1월 8일 오전 탄핵반대집회에 참여한 유튜브 채널 '신남성 연대'는 방송을 통해 "지방의원 XX들 빨리 튀어나와! 지방의원 XXXX아 너희가 나와야 할 거 아니야. 여기 있는 내 XX들 다치면 너희가 책임질 거야? 이거 협박이야. 부탁 아니야"라고 말했다. 이 방송 이후 정말로 국민의힘 전현직 청년위원장들이 한남동 대통령 공관 앞으로 나왔다. 이들은 유튜버들과 인터뷰를 한 뒤 무대에 올라 삭발식까지 진행했다.

바로 다음 날. 탄핵찬성집회를 중국인들이 주도했다고 주장한 국민의힘 김민전 의원은 '반공청년단'을 국회에 불러들였다. 이들은 하얀색 안전모와 검은 패딩을 입고 기자회견장에 섰다. "대한민국의 헌정질서를 위협하고 국론 분열을 초래할 수 있는 졸속 탄핵 절차에 대해 깊은 우려를 표하며… 국민과 함께 윤석열 대통령을 지키고 대한민국의 헌정질서를 수호하기 위해 앞으로도 모든 노력을 다할 것"이라고 밝혔다. 예하에 '백골단'을 운영한다고도 말했다. 백골단은 전두환 정권 당시 유단자로 구성된 사복경찰조직으로 대학생들의 데모를 완력으로 해산하는 데 일가견이 있었다. 일개 청년들의 사모임이 국회 기자회견장에서 경찰조직을 사칭하고 1980년대의 공포를 재현했던 것이다.

'반공청년단'을 비롯하여 극우파 청년들은 정말로 1950년대 청년단처럼 행동했다. 이승만을 우상화하고 빨갱이를 때려잡겠다면서 몽둥이를 휘두르던 것이 서북청년단을 비롯한 당시의 청년들 아니던가. 1월 19일 극우 청년들은 서부지법 폭동사태를 주도하였다. 물론 이후의 상황은 이들의 기대와는 전혀 다르게 흘러갔다. 경찰의 수사와 체포는 신속하게 진행되었고 서로가 서로를 비난하며 극우 유튜브 내에서의 갈등이 점화되었다. 하지만 이 또한 1950년대와 유사하다. 이승만은 수많은 청년단을 대한청년단으로 묶은 후 그 기능을 하나하나 와해시켰다. 정권이 안정기에 들어가자 쓸모가 없어졌기 때문이다.

뉴라이트와 극우파의 조합은 '선동과 폭력'으로 귀결되었다. 왜 이런 결과에 도달했을까. 이들은 묘한 공통점이 있다. 경험으로 세상을 판단하고, 주관적 판단을 합리화하기 위해 값싼 논리를 만들었다는 점에서 말이다. 왜 뉴라이트가 등장했을까? 민주화에 대한 반감 때문이었다. 역사바로세우기에 대한 반감, 민주화세력의 승리에 대한 반감, 새로운 세대의 새로운 생각에 대한 반감 때문이었다. 그렇다 보니 이들은 자신들과 생각이 다른 이들을 모두 틀렸고 잘못되었다고 규정하였다. 왜 극우파가 등장했을까? 페미니즘에 대한 반감, 386세대와 X세대에 대한 반감, 각박한 사회현실에 대한 반감 때문 아닌가. 감정이 우선시되기 때문에 쉽사리 기성세대의 반감을 받아들였고, 거친 언어와 폭력의 분출로 이어진 것이다. 극단적 감정은 사회적으로 아무 쓸모가 없다. 또한 사회는 이들의 쓸모없는 감정에 신경 쓸 필요가 없다.

# 11.

## 북한과

## 국제관계

[   선거연수원 체포 중국인 99명 주일미군기지 압송됐다   ]

[   스카이데일리 가짜뉴스   ]

지난해 12월 3일 한·미 군 당국이 경기 수원시 선거관리연수원에서 체포한 중국인 간첩들이 주일미군기지로 압송된 것으로 확인됐다. 16일 미군 정보 소식통에 따르면 12·3비상계엄 당일 우리 계엄군은 미군과 공동작전으로 선거연수원을 급습해 중국 국적자 99명의 신병을 확보했으며, 검거된 이들을 미군 측에 인계했다. 사안에 정통한 미군 소식통은 "체포된 중국인 간첩들(Chinese spies)은 모두 99명이며 평택항을 거쳐 일본 오키나와 미군기지로 이송됐다"고 본지에 확인했다. 이들은 미군의 심문과정에서 선거 개입 혐의 일체를 자백한 것으로 드러났다.

중국 정부는 자국민이 체포·압송됐지만 항의하지 못한 채 관련 사실을 함구하고 있다. 주한중국대사관은 1월 5일 우리나라에 있는 중국인의 시위 참가를 금지하는 공지를 띠웠다. 이 시기에 중국공산당(CCP)은 비공식 외교 라인을 통해 미 당국에 검거된 자국민들이 간첩 혐의 일체를 자백한 사실을 파악했던 것으로 추정된다.

한·미 공동작전에는 미 국방부 산하 국방정보국(DIA)이 관여한 것으로 전해졌다. 연방 상원의 인준을 거치는 DIA 국장은 임기제가 보장되며 백악관도 임의로 해임하지 못한다. DIA는 작년 11월 미 대선 이후 도널드 트럼프 대통령 당선인 측과 적극 협력해온 것으로 알려졌다. 최근 미국령 사이판에서 기자와 접촉한 미 정보 소식통도 트럼프 당선인 취임 즉시 미국 정부가 중국에 대한 구체적 제재에 착수할 방침이라고 거듭 확인했다.

갑자기 북한이 사라졌다. 이 표현이 적당할 것이다. 남북관계는 지난 수십 년간 대한민국 외교의 최우선 순위였다. 김신조사건이나 도끼만행사건 같은 대남도발부터 6·15공동선언, 문재인·김정은 도보다리 회견까지 혹은 연평도 포격사건부터 오물풍선 원점 타격 시도까지 남북관계는 그 어떤 이슈보다 중요했다. 그랬던 북한이 시야에서 사라졌다. "이 와중에 제2의 한국전쟁을 막은 남자(김정은)", "아빠, 왜 조용히 있어?(김정은의 딸 김주애) 쉿 모른 척해!(김정은)", "광기(김정은)가 찐광기(윤석열)를 만나다" 같은 인터넷 밈(meme)이 넘쳐나는 가운데 진짜 북한은 마치 세상에서 증발해버린 것처럼 언론에서 자취를 감추었다.

그리고 우크라이나 전선에서 싸우는 북한 병사들의 모습이 보도에 등장했다. 2024년 6월 19일 북한과 러시아가 '포괄적 전략 동반자' 관계로 격상한 이후의 일이었다. 조선중앙통신은 정상회담에서 합의한 「포괄적인 전략적 동반자 관계에 관한 조약」 전문을 공개했다. 조약 제4조에는 "쌍방중 어느 일방이 개별적인 국가 또는 여러 국가들로부터 무력침공을 받아 전쟁상태에 처하게 되는 경우 타방은 유엔헌장 제51조와 조선민주주의인민공화국과 러시아연방의 법에 준하여 지체 없이 자기가 보유하고 있는 모든 수단으로 군사적 및 기타 원조를 제공한다"는 내용이 담겼다. 관계 격상의 직접적 결과는 러시아와의 군사 협력이었다.

　유럽 전선에서 초기의 북한군은 고전을 면치 못했다. 드론 공격에 대처하지 못하고, 무작정 집단 도하를 시도하는 등 구시대적인 전술을 사용했기 때문이었다. 벌판으로 도망가면서 드론에 돌을 던지는 모습도 포착되었고 병사 한 명이 인질이 되어 드론을 유도하기도 했다. 심지어 투항할 바에는 자살하라는 명령이 하달되었다는 보도도 있었다. 하지만 시간이 흐르면서 보도가 달라졌다. 북한군은 새로운 전투 환경에 빠르게 적응하였으며 실력이 나날이 상승하고 있다는 것이다. 이는 가벼이 여길 내용이 아니다.

　오랜 기간 북한은 한국전쟁의 경험에 의지했으며 그 밖에는 대규모 전투 경험이 전무했다. 김일성은 항일빨치산 그룹의 군사 지도자였고 한국전쟁을 주도했다. 이에 반해 김정일은 장거리미사일과 핵 개발 같은 선군정치를 국가 노선화했고, 김정은은 연평도 포격과 러시아 파병을 감행했지만 그렇다고 이들을 군사지도자로 볼 수는 없다. 김일성과 김정일·김정은 간에 뚜렷한 차이가 있다는 말이다. 김일성을 중심으로 한 항일빨치산 그룹은 소련군의 비호를 받으며 연안파를 제치고 북한 정권의 핵심으로 자리 잡았다. 김일성이 군대의 충성을 확보할 수 있었던 데는 최용건의 역할이 컸다. 사회주의 계열의 독립운동가 출신인 최용건은 인민군 창설에 주요한 역할을 했을 뿐 아니라 군의 김일성 숭배에도 지대한 영향을 미쳤다. 무력통일의 실패에도 김일성이 권력을 유지할 수 있었던 배경에는 군의 충성이 있었다. 김정일의 선군정치는 이러한 김일성 신화를 계승한 측면이 크고, 현재도 그 후광이 이어지고 있다.

●

섣불리 예단하기는 힘들지만, 그럼에도 북한군의 참전은 북한 정치에 심대한 영향을 미칠 것이다. 우리의 경우가 꼭 그랬다. 한국전쟁은 박정희를 전선에 복귀시켰고 그를 장군으로 만들었다. 또한 전쟁을 통해 군의 규모와 위상이 비약적으로 높아졌다. 신군부 역시 마찬가지이다. 전두환과 노태우는 베트남전 참전 경험을 바탕으로 공수부대 창설을 이끌었다. 또한 전두환과 장세동은 베트남에서 생사고락을 같이 했던 인물들이다. 국제전 참전을 통해 신군부는 실전 경험을 쌓았고 이를 통해 자신들이 남한사회의 지도그룹이라는 확신에 이르렀다. 이들만의 끈끈한 우정과 의리는 군사반란의 추동력이었다. 북한군이 이역만리에서 그들만의 집단적 경험을 쌓는 상황이 김정은체제를 위협할 수 있다는 말이다.

김정은이 무너지면 좋은 것 아니냐고? 우리의 대북관은 지나치게 단순하다. 공산주의의 위협을 강조하고 백두혈통과 3대 세습을 비판하며 만약 그것이 무너지면 당장이라도 통일이 될 수 있다고 믿는다. 여전히 반공주의 시대의 막연한 기대와 환상이 우리 안에 계속되고 있다. 지난 수십 년간 북한은 김일성의 개인 카리스마와 백두혈통의 정통성을 중심으로 유지되어왔다. 그런데 김정은 정권이 무너진다? 과연 북한 국민들이 대거 남한으로 귀순하거나 새롭게 수립된 정권이 남한에 귀속되려고 할까? 남북관계가 적대와 긴장 일변도로 흘러가고 있는 지금, 김정은의 몰락이 남북한의 통일로 이어질 가능성은 거의 없다. 만약 새로운 정권이 들어선다면 이들이 남한에 호의적일까? 이 또한 간단한 문제가 아니다. 더구나 김정은 정권이 무너진다면 이는 군부의 득세 때문일 것이다. 군부는 기본적으로 무력 사용 의지가 높은 집단이다. 우크라이나에서 실전 경험을 쌓은 젊은 군인들이 북한사회의 새로운 지도계층으로 성장하고, 이들이 군사쿠데타를 일으켜 김정은을 제거하고 새로운 정부를 수립한다면? 한반도와 동아시아 안보는 훨씬 불안하고 위험해질 것이다.

●

최근 북한은 오랜 기간 남북한이 함께 이루어놓은 성과를 물리적으로 부정하고 있다. 금강산 관광을 위해 만들었던 여러 시설물을 압수, 해체하고, 자의적으로 사용하였으며 이는 개성공단에서도 반복되고 있다. 남북연락사무소 폭파는 시작에 불과했고 경의선

구간의 도로와 철로까지 폭파하더니 이제는 헌법을 개정해서 남북한의 단절을 공식화하겠다고 선포했다. 시설물을 없애는 것은 김대중 정권 이후 구체화되었던 남북한 평화협력정책의 결실을 소멸시키는 것이고 헌법을 개정하겠다는 것은 분단 이후 남북한이 지향했던 최소한의 민족적 유대를 부정하겠다는 발상이다. 우리가 남한과 북한이라 부르듯 북한은 북조선, 남조선이라는 용어를 사용했다. 하지만 최근 들어 남조선 대신 대한민국이라고 부르기 시작했는데, 이는 이제 남북관계가 갈등을 넘어 역사를 부정하고 민족사를 해체하는 단계에 이르렀음을 의미한다. 어찌 보면 당연한 수순인지도 모른다. 분단과 전쟁을 겪은 지 벌써 수십 년이 지났고 이 시기를 경험한 이들도 대부분 역사 속으로 사라져가고 있다. 우리에게 통일이라는 단어가 막연하듯 북한에게도 마찬가지일 것이며, 통일에 관심 없다, 통일하고 싶지 않다는 발언은 그저 기존 정책에 대한 반감이라기보다는 더 이상 '상상하기조차 싫은' 혹은 '상상할 수조차 없는' 현실에 대한 자연스러운 반응일 수 있다. 도쿄, 베이징, 파리, 런던. 세계 어느 곳도 다닐 수 있지만 개성과 평양에 가본 사람은 거의 없고 나머지 지역에 대해서는 무지하다. 우리는 서로를 너무 모른다. 따라서 이제는 우리라고 부를 수 없다. 남북한의 관계는 시간이라는 힘 앞에 갈등을 넘어 미증유의 단계로 나아가고 있다.

무엇이 문제였을까? 아니, 목표가 무엇이었을까? 그토록 공산주의를 저주하고 빨갱이들을 무서워하면서도 왜 '우리의 소원은 통일'이었을까? 차라리 이승만과 박정희는 솔직했다. 북진통일, 싸워서 통일한국을 이루겠다는 발상. 그게 아니라 승공통일, 경제적인 힘을 먼저 기른 후 남북통일에 이르겠다는 발상. 1970년대만 하더라도 참으로 순박하고 솔직한 시대였다. 전쟁을 통해 그토록 많은 사람이 죽었음에도 변하지 않는 원칙은 "한민족은 하나의 민족이고, 하나의 민족은 하나의 국가를 이루어야 한다. 따라서 민족통일을 향한 노정을 멈추어서는 안 된다"였다.

박정희는 중요한 선례를 남겼다. 7·4남북공동성명과 자주·평화·민족대단결이라는 3대 원칙. 통일을 위해 남북한이 '자주적으로 노력'할 것이고 무력이 아닌 '평화적 방식'을 통해 통일에 이를 것이며 이를 통해 '민족대단결'에 도달할 것이라는 원칙에 최초로 합의를 한 것이다. 물론 이 성명은 성실히 이행되지 않았다. 박정희도 김일성도 유일체제를 구축하느라 정신이 없었고 남북관계는 곧장 냉각기에 들어섰다. 워싱턴포스트 기자 돈 오버더포가 지적했듯 김일성은 베트남전을 바라보며 제2의 한국전쟁을 꿈꿨다.

하지만 1980년대 이후 상황이 급변한다. 남한의 경제성장은 압도적이었고 국제관계 또한 극적으로 유리해졌다. 1980년대 중반 아직 냉전체제가 유지되었음에도 남한의 대중국 교역량은 북한을 추월했고 1992년 수교 이후 중국은 남한을 모델로 참고하며 경제성장을 모색하였다. 폴란드를 시작으로 수많은 동구권 국가가 무너지고 있었고 소련 또한 무너졌다. 노태우 대통령은 북방정책을 천명했고 헝가리 수교를 필두로 남한의 '경제 영토'를 동유럽으로 확대했다. 반면 북한은 고립되었고 자연재해까지 겹치면서 극단적인 경제난에 직면한다. 이러한 시대변화 가운데 남북한은 남북기본합의서에 서명하였다. 남한과 북한은 통일을 향한 '특수관계'에 있으며 포괄적인 경제협력을 통해 관계를 개선하겠다는 내용이었다. 수차례 고위급회담을 열어 남북 간의 포괄적 협력을 논의했고 남북한 유엔 공동가입, 한반도비핵화 공동선언 등 획기적인 조치들이 취해지기도 했다. 이후 정권이 바뀔 때마다 용어는 달라졌지만 '평화협력을 통한 점진적 통일'이라는 방향만큼은 뚜렷해졌다. 김대중 대통령은 분단 이후 최초로 평양을 방문하였고 6·15공동선언에 합의하며 말로만 오가던 남북협력을 구체화하였다. 노무현 대통령은 육로를 통해 북한을 방문했고 김정일 위원장과 10·4남북공동선언에 합의했다. 금강산 관광과 개성공단 운영, 경의선 철도 복원 등등. 일제강점기 때처럼 기차를 타고 스페인까지 가고 앞으로 경의선을 통해 베이징까지 한 시간 만에 도달하는 시대가 올 것이라며 들뜨기도 했다.

하지만 2000년대 들어 남북관계는 반복적으로 엇나갔다. 북한은 핵개발을 통해 미국과 대립각을 세웠고, 국제사회의 질서를 정면으로 거부했다. 이명박 이후의 보수정권은 북한붕괴론에 방점을 찍으며 진보정권의 평화협력노선을 거부하였다. 클린턴이 김영삼, 김대중과 협력했다면 부시는 김대중과 노무현을 이상한 사람 취급하면서 북한을 이란, 이라크와 함께 '악의 축'으로 지정했다. 남한과 미국의 엇갈린 행보, 북미관계의 극단적 악화, 평화협력 노선의 실패, 붕괴론에서 핵무장론으로 갈등만 부추기는 보수 담론 그리고 북미 직접 대화를 주선하고 종전선언을 기대했던 문재인 정권의 순진한 발상. 그 끝에는 국지도발을 통해 북한의 침략을 유도하여 영구집권을 꾀하는 윤석열이 있었다. 도대체 앞으로 어떻게 해야 할까.

●

이제 통일을 원하는 세대가 사라지고 있다. 그렇다면 신라와 발해처럼이라도 더불어 살아야 하지 않겠는가. 일본여행이 유행하고 도쿄와 교토에서 일본문화의 홍취에 빠지는 것이 자연스럽듯, 반대로 일본인들이 한류관광을 위해 서울 시내를 돌아다니는 것이 당연하듯 남북관계가 정말로 통일을 벗어나, 민족의 특수성을 벗어나, '두 국가'체제가 당연한 것이 되더라도, 이 극도의 안보 불안

만큼은 벗어나야 하지 않겠는가. 얘기는 여기서부터 도돌이표다. 임종석이 두 국가론을 이야기하자 보수진영은 이를 극렬 비난했다. 보수진영의 통일정책은 기실 남북관계를 평화적으로 만들려는 의지 자체가 없다. 더구나 김대중 시대가 보여주었던 통일을 향한 진정성, 이것을 386 이하의 세대들에게 기대할 수 있을까? 이제는 중국이나 미국보다 낯선 나라에 대해 말이다.

장준하는 유신체제에 저항하며 "모든 통일은 옳다"라고 외쳤다. 분단체제가 독재정권의 배양처가 되었기 때문이다. 문익환은 "통일은 이미 왔습니다"를 외치며 민주화가 되자마자 북한으로 가서 김일성을 만났다. 자꾸 만나야 관계가 좋아지고, 관계가 좋아지면 평화가 도래하고, 그렇게 되면 자연스럽게 통일까지 나아가지 않겠느냐는 기독교 예언자적 상상력이었다. 비전향 장기수였던 이인모는 북한으로 송환되기 전 이런 말을 남겼다. "아직도 북한은 당신의 적인가?" 이제 오늘 우리 주변의 그 어떤 진보적 지식인들에게서조차 듣기 힘든 말들이다. 어쩌면 1990년대는 한반도 역사에서 통일에 대한 낭만이 가득 찼던 마지막 시기로 기억될지도 모른다.

2025년 트럼프가 귀환했다. 과거에도 그랬듯 그의 말은 늘 오락가락한다. 북한은 핵보유국이라는 말을 서슴없이 하며 한편에선 김정은과 잘 지낸다는 말도 한다. 트럼프 2기는 남북관계에 어떤 영향을 미칠까. 여전히 냉전의 논리에 갇혀서 북한을 위협의 대상으로만 보며 붕괴론과 핵무장 사이에서 갈팡질팡할까, 혹은 북한을 가난한 독재국가로만 여기며 남한의 경제적 이득을 위해 평화협상을 제안할까. 역사는 그럴듯한 간계를 통해 앞으로 나아간 적이 없다. 이런 식의 사고방식은 얄팍한 간계에 불과하다.

•

더불어 중국. 어느 순간부터 반중감정이 도를 넘기 시작했다. 서부지방법원의 담을 넘은 폭도들은 주변의 시민과 기자들을 향해 "너 한국말 해봐, 중국인이지?"라고 위협을 가하고 "미군이 중국 간첩 99명을 체포했다"라는 가짜뉴스를 거리낌 없이 퍼뜨렸다. 극우파들은 이제 중국을 주적으로 삼아서라도 정권을 유지하려는 모양새이다. 더구나 반중감정은 반일감정과 교차하면서 복잡한 양상을 띠고 있다. 반일감정은 민주당과 종북세력이 만든 허상이고 그것이 한미일동맹을 파괴하고 있다! 이 정치적 선동 구호가 보수는 반중, 진보는 반일이라는 근거 없는 프레임을 만들었다.

　놀랍게도 윤석열 정권은 이를 국가정책에 반영했다. "중국 시장 대신 동남아와 동유럽 시장을 개척하겠다." 윤석열 정권에게 중국은 그저 하나의 시장에 불과했던 것일까. 한중수교를 통해 대한민국은 중화인민공화국의 '하나의 중국' 노선을 승인했다. 중국 본

토와 홍콩, 타이완 등은 통일중국으로 나아가는 잠재적 관계라는 발상을 인정하고 타이완과 단교한 것이다. 이 합의는 1970년대 미중합의를 배경으로 한다. 당시 미국은 더 이상 전쟁을 유지할 수 없었다. 베트남은 포기하지만 소련을 견제할 수 있는 방법은 없을까? 이때 미국이 주목한 나라가 중국이다. 공산주의국가이지만 소련과의 갈등이 심각했고 무엇보다 민족주의적 성향이 강한 나라. 미국은 중국을 통해 소련을 견제하고자 했고 중국은 그 대가로 한반도의 분단을 비롯하여 미국 주도의 국제질서를 용인하였다. 1972년 중일수교, 1979년 미중수교, 1992년 한중수교. 이는 미국과 중국이 주도하는 동아시아 질서를 상징하는 조약이었고 '하나의 중국'은 그러한 타협의 산물이었다.

그리고 황금의 1980년대. 미국 자본은 중국의 값싼 노동력에 주목하면서 대대적인 투자를 했고 덩샤오핑이 이끄는 중국은 사회주의 개방경제라는 독특한 시스템을 바탕으로 발전을 거듭했다. 덩샤오핑의 철학은 분명했다. 개방경제를 통해 시장원리를 받아들이겠다. 하지만 국가와 당이 산업화를 선도하고 통제하며 자본가의 발호를 막겠다. 이 원칙은 의외의 성공을 거두게 된다. 당시 지식인들을 사로잡았던 여러 논의는 하나도 실현되지 않았다. 중국의 민주화? 1989년 공산당은 탱크를 동원하여 베이징 대학생들의 민주화 요구를 막았고 이후 이와 유사한 일은 일어나지 않았다. 더구나 당시의 민주화 요구가 서구 지식인들이 생각하는 민주주의와는 꽤 달랐던 사실 또한 밝혀졌다. 대륙의 분열? 경제성장은 국가와 당의 힘을 더욱 강력하게 만들었으며 덩샤오핑의 원칙, 공산당이 자본을 통제하는 한 그 나라는 공산주의국가라는 원칙을 여전히 중국 인민이 신봉하고 있다. 그리고 2013년 시진핑의 시대가 열리며 상황은 완전히 뒤바뀌게 된다. 어느새 미국은 중국을 경계하고 있었고 시진핑 역시 이를 거부하지 않았다. 일대일로를 통해 새로운 세계질서를 만들겠다는 중국의 야심 찬 도전과 이를 막으며 제2의 부흥기를 일구겠다는 미국의 응전. 이른바 G2가 주도하는 신냉전의 시대가 도래한 것이다.

●

중국의 부상이 객관적 실체라면 중국에 대한 한국의 태도는 감정적이다. 이해가 되는 측면이 있다. 중국의 급격한 부상. 1990년대만 하더라도 한국을 배우던 나라가 아니었던가. 더구나 중국 청년들의 애국주의는 도를 넘고 있다. 명품 브랜드가 자국의 전통 디자인을 베꼈다며 시위를 벌이는 모습을 중국이 아닌 어느 나라에서 찾아볼 수 있을까? 2008년 베이징 올림픽 당시 티베트와 위구르의 인권 문제 고발, 홍콩 우산시위 당시 한국 대학생들의 연대 성명 등은 한중 청년들 간의 극심한 갈등을 유발했다. 오랜 민주적 역량을 축적한 나라와 중국식 사회주의라는 이질적인 정체성의 충돌이었다. 당분간 이런 식의 충돌은 계속될 수밖에 없을 것이다. 문제는 충돌의 원인을 숙고하지 않고 과격한 감정적 대응으로 나아가고 있다는 점이다.

사정은 더욱 나빠지고 있다. 윤석열은 자신을 변호하는 가운데 '중국 간첩'이라는 말을 썼고 그것을 신호로 혐중 발언들이 쏟아지고 있으니 말이다. 격화된 감정은 끊임없이 내부 갈등을 심화시킨다. 이는 반일감정과는 전혀 다른 문제이다. 반일감정은 역사적이다. 식민지 시대의 과오를 사과하지 않고, 군함도나 사도광산 사례에서 볼 수 있듯 국제협약을 어겨가면서까지 과거를 미화하는 일본의 행태 때문에 비롯된 감정이다. 즉 반일감정은 한국과 일본 간의 문제이다. 하지만 반중감정은 내부 갈등을 목표로 한다. 그리고 갈등을 목표로 한 감정은 해결할 방도가 없다. 정말로 중국이 우리의 적인가? 중국은 서해를 마주하고 있는 역사적 실체이다. 좋건 싫건 협력해야 하며, 신냉전 시대에 걸맞은 지혜로움 또한 필요하다. 한국은 분단국가이며 북한에 대한 영향력은 중국을 통해 더욱 구체화될 수 있다. 또한 한반도는 만주를 통해 대륙으로 이어진다. 신냉전은 영원할 수 없으며 우리의 문제는 외세의 자애에 기대어 해결할 수 없다. 북한과 중국을 포함한 동아시아적 사유와 도전을 시작해야 할 때이다.

12.

[　　　　국민　　　　]

## [　대한민국 헌법 제10호, 전부개정　]

전문

　유구한 역사와 전통에 빛나는 우리 대한국민은 3·1운동으로 건립된 대한민국임시정부의 법통과 불의에 항거한 4·19민주이념을 계승하고, 조국의 민주개혁과 평화적 통일의 사명에 입각하여 정의·인도와 동포애로써 민족의 단결을 공고히 하고, 모든 사회적 폐습과 불의를 타파하며, 자율과 조화를 바탕으로 자유민주적 기본질서를 더욱 확고히 하여 정치·경제·사회·문화의 모든 영역에 있어서 각인의 기회를 균등히 하고, 능력을 최고도로 발휘하게 하며, 자유와 권리에 따르는 책임과 의무를 완수하게 하여, 안으로는 국민생활의 균등한 향상을 기하고 밖으로는 항구적인 세계평화와 인류공영에 이바지함으로써 우리들과 우리들의 자손의 안전과 자유와 행복을 영원히 확보할 것을 다짐하면서 1948년 7월 12일에 제정되고 8차에 걸쳐 개정된 헌법을 이제 국회의 의결을 거쳐 국민투표에 의하여 개정한다.

제2장 국민의 권리와 의무

제10조

모든 국민은 인간으로서의 존엄과 가치를 가지며, 행복을 추구할 권리를 가진다. 국가는 개인이 가지는 불가침의 기본적 인권을 확인하고 이를 보장할 의무를 진다.

제11조

① 모든 국민은 법 앞에 평등하다. 누구든지 성별·종교 또는 사회적 신분에 의하여 정치적·경제적·사회적·문화적 생활의 모든 영역에 있어서 차별을 받지 아니한다.

② 사회적 특수계급의 제도는 인정되지 아니하며, 어떠한 형태로도 이를 창설할 수 없다.

③ 훈장 등의 영전은 이를 받은 자에게만 효력이 있고, 어떠한 특권도 이에 따르지 아니한다.

제12조

① 모든 국민은 신체의 자유를 가진다. 누구든지 법률에 의하지 아니하고는 체포·구속·압수·수색 또는 심문을 받지 아니하며, 법률과 적법한 절차에 의하지 아니하고는 처벌·보안처분 또는 강제노역을 받지 아니한다.

② 모든 국민은 고문을 받지 아니하며, 형사상 자기에게 불리한 진술을 강요당하지 아니한다.

③ 체포·구속·압수 또는 수색을 할 때에는 적법한 절차에 따라

검사의 신청에 의하여 법관이 발부한 영장을 제시하여야 한다. 다만, 현행범인 경우와 장기 3년 이상의 형에 해당하는 죄를 범하고 도피 또는 증거인멸의 염려가 있을 때에는 사후에 영장을 청구할 수 있다.

④ 누구든지 체포 또는 구속을 당한 때에는 즉시 변호인의 조력을 받을 권리를 가진다. 다만, 형사피고인이 스스로 변호인을 구할 수 없을 때에는 법률이 정하는 바에 의하여 국가가 변호인을 붙인다.

⑤ 누구든지 체포 또는 구속의 이유와 변호인의 조력을 받을 권리가 있음을 고지받지 아니하고는 체포 또는 구속을 당하지 아니한다. 체포 또는 구속을 당한 자의 가족 등 법률이 정하는 자에게는 그 이유와 일시·장소가 지체 없이 통지되어야 한다.

⑥ 누구든지 체포 또는 구속을 당한 때에는 적부의 심사를 법원에 청구할 권리를 가진다.

⑦ 피고인의 자백이 고문·폭행·협박·구속의 부당한 장기화 또는 기망 기타의 방법에 의하여 자의로 진술된 것이 아니라고 인정될 때 또는 정식재판에 있어서 피고인의 자백이 그에게 불리한 유일한 증거일 때에는 이를 유죄의 증거로 삼거나 이를 이유로 처벌할 수 없다.

2025년 1월 15일. 비상계엄 선포 후 43일 만에 윤석열이 체포되었다. 이날만큼은 많은 이들이 걱정 없이 밤을 보낼 수 있었다. 한국인의 민주주의를 향한 열정은 대단하다. 지난 43일간 그 저력은 여의도에서부터 남태령을 거쳐 한남동으로 이어졌고, 무장한 군인들의 장갑차도, 영하 10도의 강추위도 그 저력을 이기지 못했다. 〈임을 위한 행진곡〉은 물론이고 김연자의 〈아모르파티〉, 소녀시대의 〈다시 만난 세계〉, 에스파의 〈위플래시〉가 함께 울려퍼진 광장과 거리에서는 2030 여성들이 새로운 주역으로 부상했다.

우리가 지나온 역사는 오늘날 대한민국 국민의 문화적 정체성이 되었다. 수차례 혁명과 항쟁을 통해 민주주의를 실현해온 나라. 하지만 국면 국면마다 저력을 발휘해온 것에 비해 '민주화운동'에 대한 시선은 여전히 곱지 않다. 민주화운동은 폄하되기 일쑤이고 부정적이고 위험한 것으로 여겨지곤 한다. 그래서인지 한국인의 정체성을 설명할 때 매번 반추되는 것은 민주화운동이 아닌 독립운동이다.

공교롭게도 내란사태 당시 안중근 의사의 투쟁을 다룬 영화 〈하얼빈〉이 개봉되었다. 중과부적衆寡不敵? 무리가 적으면 대적할 수 없다는 생각을 버려라. 대장부가 따라야 할 대의가 무엇인가. 민족의 해방을 위하여, 민중의 삶을 위하여 불가능한 목표를 향해 나아가야 한다. 1909년 이토 히로부미를 처단했던 안중근의 결기는 이후에도 계속되었다.

1919년 3·1운동은 한민족의 진정한 시작이었다. 나라가 없는 백성, 하지만 식민지를 거부하고 스스로 나라가 되겠다고 마음먹은 민족. 3·1운동은 수백만의 함성으로 이어졌고 수개월간 세계 곳곳에서 한인들은 태극기를 들고 나와 민족자존과 민족독립을 선포하였다. 그 결과는 대한민국임시정부의 탄생과 25년에 걸친 장구한 독립투쟁이었다. 임시정부는 우리 역사 최초의 헌법인「대한민국임시헌장」을 선포하였다. 그중 1조와 3조를 주목하자.

제1조. 대한민국은 민주공화제로 한다.

제3조. 대한민국의 인민은 남녀 귀천 및 빈부의 계급이 없고 일체 평등하다.

이 선언은 이후 100년의 역사를 통해 실현되었다. 1789년 프랑스인들이 자유·평등·박애를 외치며 신분제를 타도하고 공화국을 만들고자 했던 노력이 근대 역사의 문을 열었다면, 대한민국은 숱한 역경에도 불구하고 자신들이 목표했던 민주공화국을 구현했다. 무엇이 민주공화국인가. 1919년 당시에는 조선과 다른 사회가 목표였다. 남존여비의 사회, 양반이 상놈을 차별하는 사회, 지주가 소작농을 짓밟는 사회. 민주공화국은 이런 것을 뛰어넘어 모두가 평등해지는 사회를 건설하는 것이었다.「대한민국임시헌장」을 1948년 제헌헌법이 계승하였고 다시 1987년 헌법이 이어받았다.

역사가 헌법을 만들고, 헌법이 오늘 우리가 된 것이다.

●

그래서였을까. 윤석열 정부는 집요하게 역사를 공격했다. 홍범도는 공산주의자이기 때문에 독립운동가일 수 없다. 이보다 교활한 방법도 없을 것이다. 광복회장 이종찬이 수차례 강조했듯 일제강점기 당시 공산주의자들은 민족주의자들과 함께 제국주의에 대항했다. 2차 세계대전 당시에도 미국은 소련과 연대하여 파시즘세력인 독일·일본·이탈리아와 싸웠다. 이념으로 갈리게 된 것은 세계사적으로는 1947년 트루먼 독트린, 우리로서는 1950년 한국전쟁 때문이다.

독립운동가들은 누구보다 적극적으로 대안을 추구하며 새로운 사고방식을 받아들이고자 노력했고 각양의 실천을 도모했다. 신채호나 이회영이 1920년대 이후 아나키즘에 경도되었던 사례가 대표적이다. 일제강점기에 활동한 누군가를 어떤 주의자로 규정하는 것은 간단한 문제가 아니다. 홍범도의 경우 러시아혁명이 일어나면서 활동 기반이었던 연해주가 공산화되었다는 사실, 그가 북한 정권에 참여한 적이 없다는 사실 또한 고려해야 한다.

한편 이달의 독립운동가를 선정하는 과정에서 또 다른 편가르기가 시도되었다. 해외 독립운동보다는 국내 독립운동이 중요하고 무장투쟁보다는 애국계몽운동을 조명해야 한다는 발상이 그것이다. 우리나라뿐 아니라 세계의 식민지 저항운동은 주로 해외에서 이루어졌다. 그렇지 않은가. 망명을 해서 거점을 만들지 않고 어떻게 저항을 이어갈 수 있을까? 국내 독립운동은 명확한 한계를 지닌다. 학교를 세워 인재를 기르고 회사를 키워 민족자본을 양성하는 방식인데, 간접투쟁으로 일제에 타격을 가한다? 국내 민족운동은 해외 독립운동을 지원하고 보조하는 역할이었다. 더구나 1920년대 이후 국내 독립운동을 주도했던 이들은 공산주의자가 압도적으로 많았다. 학생운동부터 노동운동까지 전 분야의 운동은 민족주의가 아닌 공산주의의 지도하에 이루어졌다.

김활란의 경우는 여성 교육자로서 이화여대 총장을 역임했고 여성 좌우합작단체 근우회에서 활동한 이력을 남겼지만 전쟁이 발발하자 일제에 협력했다. 고창 출신 갑부이자 동아일보와 고려대 학재단의 소유주였던 김성수 역시 김활란과 비슷한 길을 걸었다. 이들은 주로 1937년 중일전쟁부터 1945년 패망까지 언론과 강연 활동을 통해 징병과 징용을 독려하였다. 김성수는 전쟁에 협력해야 문약한 조선인의 기질을 극복할 수 있다고 주장했고 이를 통해 일본인과 동등한 권리를 얻을 수 있음을 강조했다. 조선인이 문약하다는 생각은 전형적인 식민사관이며 전쟁에 협력해야지만 일본인과 동등한 권리를 누릴 수 있다는 것은 식민지 근대화론에 대한 정면 반박이다. 일제강점기 말기가 되어서도 여전히 조선인은 차별받는 존재였으니 말이다. 김활란의 경우 윤치호를 도와 조선기독교를 세계기독교협의회가 아닌 일본기독교 아래 둠으로써 종교의 친일화에 적극 기여했다. 이런 활동 때문에 이들은 현재『친일인명사전』에 기록되었다. 그렇다고 역사학계가 이들을 무조건 부정적으로 보는가? 그렇지도 않다. 애국계몽운동가로서의 역할, 해방 이후 우익 지도자로서의 역할에 관한 역사 서술은 상세하다. 그렇다고 공으로 과를 덮을 수는 없지 않은가. 과거 민주화운동가들을 좌익세력으로 낙인찍고 민주화 이후에는 5·18과 4·3을 모욕하더니, 하다하다 이제는 독립운동가들에게 오명을 씌우려 하고 있다. 다행히도 이러한 시도는 결코 성공적이지 않았다. 정부의 조치는 유튜브나 포털사이트 댓글에서 일부 호응을 받았을 뿐 국민 대다수에게는 철저하게 외면당했다.

●

여하간 우리가 지금 고민해야 할 부분은 윤석열의 역사쿠데타보다는 한국인의 민주적 특질이리라. 투쟁. 투쟁. 투쟁. 지난 100년은 투쟁으로 점철되었다. 거대한 악과의 싸움은 대부분 독재자를 권좌에서 끌어내리는 것으로 마무리가 되었다. "나는 전두환이 한

명인 줄 알았어. 하지만 경찰서에 끌려가보니 수많은 전두환이 거기에 있었던 거야." 전교조운동을 하며 고문 경찰 이근안에게 따귀를 맞았던 어떤 선생님의 고백이다. 오랜 투쟁은 승리의 목표를 단순화했다. 독재타도, 호헌철폐! 직선제 헌법을 쟁취해야 한다! 1987년 6월항쟁의 구호였다. 결과는 어땠는가. 전두환 정부에서 이득을 누렸던 '그때 그 사람들'이 여전히 기득권을 쥐고 있다.

정치적 민주주의의 진보는 대단했다. 헌법과 법률의 위상이 높아지고, 선거를 중심으로 한 정당정치 시스템이 갈수록 완숙해졌다. 하지만 다른 부분에서는? 1995년 김영삼은 전두환과 노태우를 단죄하기 위해 재벌과 대기업이 제공한 정치자금 문제를 내세웠다. 노태우는 5000억 원, 전두환은 1조 원. 그중 검찰이 입증한 2000억 원에 관해서만 벌금을 물릴 수 있었다. 이들에게 뇌물을 바친 재벌은 어떻게 되었을까? 처벌받았을까? 재벌은 검찰에 소환되었을 뿐 처벌 명단에서 매번 빠졌다. 한 명을 잡기 위해 다른 한 명을 풀어주는 방식, 정치 문제를 해결하기 위해 경제구조의 모순을 외면하는 방식. 1998년 외환위기 이후 이런 경향은 한층 강해졌다. 김대중 정권의 구조조정은 재벌을 해체하여 소유관계를 바꾸는 것이 아닌 소유구조의 합리화를 지향했다. 당시 재계 3위였던 대우그룹의 해체는 여전히 일부 사람들의 입방아에 오르지만 그렇다고 해서 김우중 회장이 막대한 빚을 갚았던가. 구조조정으로 인해 고통받은 사람들 대부분은 일반 국민이었다. 1987년 이후의 개혁정치는 정치권력에 대해서만 위력을 발휘했을 뿐 재벌은커녕 대부분의 사회 모순 앞에서 소심한 태도로 일관했다. 노무현 대통령은 국가의 힘은 정치권력에서 경제권력으로 넘어가기 시작했다고 고백했지만 결국 그조차 이러한 경향에서 자유롭지 못했다.

●

노회한 정치가 김종인은 경제민주화를 자신의 정치적 자산으로 삼고자 부단히 노력하였다. 정치적 민주주의도 중요하지만 경제적 민주주의를 통해 자본주의 특유의 불평등과 양극화를 해소해야 한다고 오랫동안 주장했다. 이는 단언컨대 김종인의 생각이 아니다. 균등경제론은 임시정부 시절부터 논의한 주제이며 1941년 「대한민국건국강령」을 통해 구체적으로 설계되었다. 주요 경제기관의 국유화, 과감한 토지개혁, 보편적 복지, 남녀의 절대 평등 그리고 사회적 약자에 대한 국가 보호. 하지만 결과는 어땠는가. 박정희는 경제성장을 영구집권으로 바꾸어서 균등경제론의 이상을 근본적으로 배반했다. 1970년대 이후 천주교와 개신교의 뜻 있는 성직자들이 여성 노동자들의 민주노조운동을 도왔고, 전태일의 죽음을 가슴으로 품었던 이소선 여사와 청계노조 역시 노동 문제를 줄기차게 제기하였다. 1980년대 부천경찰서 문귀동 경사가 성추행한 여성은 위장취업을 했던 이화여대생 권인숙이었고 인천 지역의 전설적인 노동운동가는 노회찬과 김문수였다. 하지만 민주주의는 노동 문제 앞에 차갑게 멈추어 섰다. 노태우가 노사분규라는 말을 써가며 민주주의와 노동 문제를 분리할 때 김영삼과 김대중 모두 이에 수긍하였다. 김영삼 정권기 노동개혁은 독재정권 못지않은 권위주의적 행태를 반복했고 김대중 이후 진보정권 또한 보수정권과 별다를 바 없었다. 노무현 정권 당시 도시철도공사 사장이 되어 승무원들의 대량 해고를 주도했던 이철은 민주화운동가 출신이었다.

오늘날 우리에게 노동 문제를 비롯하여 각종 사회 문제는 민주주의와 어떤 상관관계를 지니는가. 윤석열을 몰아내고 나면, 이 혹독한 투쟁이 승리를 거두고 나면, 민주당과 이재명이 권력을 잡고 나면 살림살이는 보다 나아질까? 우리의 일상은 보다 민주주의적인 결과에 도달할까?

●

노무현의 예언은 옳았다. 1990년대 민주주의를 향한 열정이 급속히 식어가면서 물신주의가 그 자리를 대체했다. 외환위기는 이를 더욱 부추겼고 돈은 우리 존재의 모든 것이 되어버렸다. "여러분 부자 되세요"라고 말한 텔레비전 광고가 화제가 되었던 것은 시작에 불과했다. 윤석열 내란사태 당시 왜 코인을 사고팔지 않았을까를 안타까워하는 이들이 수두룩한 세상이 되었다. 돈을 많이 버는 것, 그래서 마음껏 쓰는 것. 여기에 대한 사회적 거부감 또한 없다. 출발선만 공정하다면 불공평한 결과는 당연하게 받아들인다.

　독립운동가들이 꿈꾸었던 균등경제론, 민주화운동가들이 노력했던 노동운동이 무조건 옳다고 주장하는 것이 아니다. 대통령의 내란 시도에 맞설 만큼 강력한 힘을 지닌 한국 민주주의가 실상은 너무 좁게 작동하고 있다는 사실을 말하고 싶을 뿐이다. 탄핵이 인용되고 기소가 판결로 확정되고 나면 대통령선거가 실시될 것이다. 오늘의 투쟁은 내일의 선거를 위한 수단이었던가. 우리의 민주주의는 누군가를 뽑는 행위로 종결되고 나머지는 정치인들이 알아서 할 문제인가.

　지방자치법을 돌아보자. 말 그대로 '지방자치'를 위한 법이지만 현실은 지자체 단체장과 시도의원들을 선출하는 선거에 불과하다. 이렇게 선출된 이들은 무엇을 할까? 서울시장이 되고 경기도지사가 되려는 이유는 지방자치에 있을까, 아니면 그 자리는 대권주자가 되기 위한 과정에 불과할까. 정치를 위한 정치, 권력을 위한 정치. 한국의 정치과잉은 노동을 포함한 사회 제반 영역과 민주주의의 관계를 크게 훼손하고 있다. 장애인의 인권, 성소수자들의 권리, 차별금지, 원전 문제, 지구 온난화 등등. 이런 것들은 우리의 민주주의와 어떤 관련을 맺고 있는가. 너무 막연하거나 지나치게 큰 이야기인가? 그렇다면 고령화, 저출생, 양극화, 사교육비, 돌봄, 국민연금처럼 다수 국민에게 직접적으로 위협이 되는 문제들에 관해 정치는 얼마나 긴밀하게 움직이고 있는가. 윤석열 이후에 다시 시작될 한국의 민주주의는 정말로 다른 정치의 출발선이 될 수 있을까. 정치과잉 현상으로 본질적 질문에 대한 답은 계속 미루어지고 있다.

●

'조선까 현상'이라는 것이 있다. 조선의 모든 것을 부정하는 태도를 말한다. 시작은 명성황후와 고종에 대한 비판이었다. 뮤지컬 〈명성황후〉가 지나치게 인물을 미화하였고 〈미스터 선샤인〉 같은 작품에서 고종이 긍정적으로 그려진 것에 대한 반발이 그 단초였다. 애초에는 역사왜곡 논쟁이었지만 '식민지 근대화론', 즉 뉴라이트의 세계관이 보수우파의 세계관을 잠식하면서 조선까 현상으로 변모했다. "망할 만해서 망한 나라." 비판은 비난으로 바뀌었고, 곧 고종과 그의 시대를 넘어 조선 전체가 부정을 당했다. "노비가 인구의 70퍼센트인 야만적이고 저열한 나라." 조선시대 사회의 구성을 숫자로 설명하는 학자는 없다. 조선뿐 아니라 전근대 사회에 대한 동서양의 통계지표는 참고자료일 뿐이고 부분적 활용만이 가능하다. 그런데 온라인에서는 서슴없이 70퍼센트를 이야기하며 조선 역사 전체를 비난한다. 일제가 신분제를 철폐했고 일제의 정책 덕분에 한글이 보급되었다고까지 한다. 역사왜곡이 보수진영에 정치적으로 도움이 된다는 극단적 발상 때문에 전통문화의 모든 것들이 부정당하고 있는 셈이다. 최근 대한민국에서 일어나는 논쟁의 수준이 이렇다. 왜곡과 진실 사이에서의 싸움, 옳고 그름의 싸움만 반복되기 때문에 여전히 '올바른 것'만을 추구할 뿐 새로운 지적 진보를 감행하지 못한다. 그러니 어떻게 다양성과 대안적 경쟁을 논하겠는가.

그나마 역사 관련 이슈는 사정이 나은 편이다. 왜곡 논쟁을 통해 역사에 대한 관심이 높아지고 그만큼 역사적 사실에 대한 이해도 깊어지고 있으니 말이다. 나머지 대부분은 진영논리에 맡겨져 있다. 야권을 지지하면 야당 정치인들의 주장을 반복한다. 여권을 지지하면 여당 정치인들의 주장을 반복한다. 지지 성향에 따라 유튜브 알고리즘이 바뀌고, 자신들이 좋아하는 몇몇 정치인이나 논객의 주장을 내면화하는 데 급급하다. 보다 나은 미래를 향한 조직적인 노력을 찾아보기는 어렵고 전문가나 시민단체의 노력은 대부분 무시되기 때문에 사회적 힘으로 작용하기 어렵다. 그러니 더욱 〈뉴스공장〉이나 〈매불쇼〉에 열광하고 유시민이나 손석희의 행보를 좇는 것 아닌가.

민주주의가 무엇인가. 한 사람 한 사람이 모두 동등한 존재라는 의미이다. 그렇기 때문에 우리는 한남동 관저를 성채로 바꾸고 경호처 직원들을 사병처럼 동원하는 윤석열의 행태를 도저히 묵과할 수 없었다.

19세기 프랑스의 정치사상가 토크빌이 미국을 돌아본 후 『미국의 민주주의』라는 유명한 저술을 남겼다. 이 책에서 그는 "미국인들은 평등하다. 따라서 개인주의적이며 따라서 자유롭다"라고 했다. 미국인들의 사회적 평등은 비슷비슷한 경제 수준 때문이다. 다들 사회경제적으로 평등하기 때문에 대단히 자유롭다. 다른 이의 눈치를 보지 않고 적극적으로 소통할 수 있기 때문이다. 미국인들의 개인주의는 이러한 자유로움과 사회경제적 평등에서 나오기 때문에 그들은 이기주의보다 민주주의를 선호한다. 모두의 자유와 평등이 유지되는 것이 개인에게도 이득이 되기 때문에 민주주의에 적극적이며 따라서 자신만 살겠다는 이기적인 욕망이 제어될 수 있다. 이와 같은 토크빌의 성찰은 시사하는 바가 크다. 그는 자유와 평등의 조화가 민주주의의 기본 요소임을 강조한다. 그렇다면 우리의 민주주의에서 자유와 평등은 무엇인가. 자유는 개인주의와 이기주의 중 어느 쪽에 더 가까운가. 평등은 기회의 균등, 공정함 외에 무엇으로 구체화될 수 있을까?

1919년 「대한민국임시헌장」은 민주공화국을 선언했다. 그리고 1948년 제헌헌법 이후 대한민국의 헌법은 독일 바이마르헌법의 유명한 조항을 차용한다. 1조 2항. "대한민국의 주권은 국민에게 있고, 모든 권력은 국민으로부터 나온다"가 그것이다. 대한민국에서 권력의 주체는 우리 자신이다. 우리는 우리의 권력을 어떻게 향유할 것인가. 이번 내란사태의 종결과 더불어 한국의 정치적 민주주의는 돌이킬 수 없을 만큼 공고해질 것이다. 그렇다면 그다음은 어디를 향할 것인가.

사회는 충분히 고도화되었고, 경제와 사회는 정치 이상으로 복잡하고 섬세하다. 우리는 내란사태를 통해 정치적 인간으로 거듭났다. 하지만 조만간 우리는 평범한 일상으로 돌아가야 한다. 과거와 똑같은 삶을 살아갈 것인가. 아니면 다른 길을 만들어갈 것인가. 문제의식의 구체화, 사회적 연대와 실천, 특정 분야에서의 성취와 지속적인 진보, 사회경제적 변화를 향한 교두보의 확보, 기존의 정치투쟁과는 전혀 다른 민주주의가 필요하다. 역사는 계속되지만 개인은 매번 새로운 현재를 살아가야 한다. 지금이 바로 그러한 현재이다.

# 민주공화국의 적은 누구인가

2025년 3월 21일 1판 1쇄

**지은이**
심용환

| **편집** | **디자인** | |
|---|---|---|
| 이진, 이창연 | 알음알음 | |

| **제작** | **마케팅** | **홍보** |
|---|---|---|
| 박흥기 | 김수진, 백다희 | 조민희 |

| **인쇄** | **제책** | |
|---|---|---|
| 천일문화사 | J&D바인텍 | |

| **펴낸이** | **펴낸곳** | **등록** |
|---|---|---|
| 강맑실 | (주)사계절출판사 | 제406-2003-034호 |

| **주소** | | **전화** |
|---|---|---|
| (우)10881 경기도 파주시 회동길 252 | | 031)955-8588, 8558 |

**전송**
마케팅부 031)955-8595, 편집부 031)955-8596

| **홈페이지** | **전자우편** | |
|---|---|---|
| www.sakyejul.net | skj@sakyejul.com | |

| **블로그** | **페이스북** | **트위터** |
|---|---|---|
| blog.naver.com/skjmail | facebook.com/sakyejul | twitter.com/sakyejul |

© 심용환, 2025

값은 뒤표지에 적혀 있습니다. 잘못 만든 책은 서점에서 바꾸어드립니다.

사계절출판사는 성장의 의미를 생각합니다.
사계절출판사는 독자 여러분의 의견에 늘 귀 기울이고 있습니다.

이 책은 저작권법에 따라 보호받는 저작물이므로 무단 전재와 무단 복제를 금합니다.

ISBN 979-11-6981-362-4 03910